法政文丛

法政文丛 / 何勤华 贺卫方 李秀清 主编

TAXES AND JUSTICE
The Myth of Ownership

税与正义

［美］托马斯·内格尔　　［美］利亚姆·墨菲　著

许多奇　萧凯　译

上海三联书店

《税与正义》

［美］托马斯·内格尔　　［美］利亚姆·墨菲著，许多奇 萧凯译

The Myth of Ownership: Taxes and Justice

By Thomas Nagel ,Liam Murphy

The Myth of Ownership: Taxes and Justice was originally published in English in
2004. This translation is published by arrangement with Oxford University Press.
Shanghai Joint Publishing Company is solely responsible for this translation from
the original work and Oxford University Press shall have no liability for any errors,
omissions or inaccuracies or ambiguities in such translation or for any losses caused
by reliance thereon.

"法政文丛"序言

　　"法政"一词由来已久。在古典文献中,"法政"多指法律与政令,如"法政独出于主,则天下服德"(《管子·明法解》)。但"法政"一词的流行,却是在近代之后。受日本学制影响,我国清末法律教育多以法学和政治学并列,称为"政法科"或"法政科"。尤其在 1905 年立宪之议兴起后,出于对法律的强调,"法政"逐渐取代"政法",成为当时通行的称谓。这一时期的北洋法政学堂、京师法政学堂等均以"法政"为名。1910 年京师大学堂办分科大学,也以"法政科"作为学科名称。名为《法政杂志》《法政学报》的报刊更是层出不穷。

　　但在新中国成立后,由于历史原因和对政治优先性的强调,在表达法律与政治的合称时,"政法"一词取代"法政"成为通行的官方用语,"政法机关""政法院校"、"政法战线"等词汇应运而生,并沿用至今。应当看到的是,近年来,随着依法治国与法治观念的深入,原本已被遗忘的"法政"一词,又开始焕发出新的生命力,重新回到学界的用语之中。就本套丛书而言,著译内容主要涵盖法律与政治的领域,因此即以"法政文丛"命名之。

　　自近代以来,翻译作品就在我国的法学教育和法学研究中扮演了重要角色,对于学术视野的开阔与研究方法的拓展,都具有十分重要的作用。在学术著作出版繁荣的今天,法律翻译作品的出版也差不多达到了百年来的高潮,林林总总的丛书令人眼花缭乱。以翻译作品为主的"法政文丛"与众不同的特点在于:

　　首先,这是一次跨地域的、有意义的合作。我们三位主编虽都曾主持多种丛书的出版、参与多部著作的翻译,但这种远距离的双城合作还是第一次。编委会成员更是分布于全国各地乃至国外,在不同的院校或研究、出版机构工作,但他们之间的一个共同点在于,他们都是法学院的毕业生,并且正从事着与法学相关的职业。这一具有空间跨度的合作有可能把更多有着共同志趣的同仁团结在一起,更好地取长补短。

其次,本丛书的编委会成员大多为 70 后乃至 80 后。他们出自不同专业,有法律史、法理学、宪法,也有行政法等部门法学。这些非常优秀的青年学者已经用各自的著述证明了自己的实力。尤其值得一提的是,他们中的很多人曾在上海三联书店出版过自己的著译作品,因而具有很好的合作基础。青年人之间思想的交流与碰撞,必将让这套丛书更具活力与创造力。

第三,本丛书有望成为培养青年学术人才的一个平台。通过它的出版,应该能够锻炼一批年轻人,他们将在对优秀学术作品的精读和翻译中,提升自己的学术品位、夯实学术研究的基本功。编委会将不定期召开小型研讨会,集合众人的智慧,确定未来的书目,以加强学术共同体的凝聚力,相互学习与砥砺。这些青年学者具有广阔的学术前景,会不断延续薪火相传的学术理想。

本丛书第一辑的书目中包括《论美国新民主》、《誓言:奥巴马与最高法院》和《伦奎斯特谈最高法院》等几部比较重要的著作,它们不仅反映出我们对法律史、法理学、比较法、司法制度等领域一以贯之的研究旨趣,而且都涉及"法律与政治"的主题。这些著作都是从顶级的出版社引进,代表了当今世界法政出版的最新成果、最高水准。在阅读经典的同时,熟悉真实世界的运作也是极为必要的,而它们所讲述的是正在发生的故事,将带领读者去了解域外政治、法律内部运作的真实情况,深化已有的理解。

"法政文丛"主编:何勤华 贺卫方 李秀清
2013 年 7 月 5 日

序

萧凯与我合译的《税与正义》一书终于杀青。十多年前,专攻国际私法的他和研习税法的我竟然青睐同一本学术专著,这本身就是一件非常有趣的事情。重拾当时的片断记忆,作为一名年轻学者,我十分珍惜那次开拓国际视野的机会。后来的事实证明,在纽约大学参加 Hauser Global 项目的一年,是之前无法想象的异常充实的一年。这里有运行了近七十年的税法项目,课程丰富,名师众多,各种前沿学术活动目不暇接,全球来访学者之间的交流互动使大家获得更为开放包容的全球视野,而多学科[1]之间的思想碰撞和融合,还有意无意之间催生了许多交叉学科[2]的著作和论文。

《税与正义》(*The Myth of Ownership: Taxes and Justice*)是税法和法哲学之间相互渗透形成的跨学科学术论著。两位作者都是哲学领域方家,讨论的主题是税收法治的基本框架。作者之一是著名的哲学家托马斯·内格尔[3],他荣休前曾是纽约大学哲学系和法学院的双聘教授,是美国人文与科学学院院士及英国国家学术院院士。记得萧凯和我同在纽约大学访学的时候,同时收到法学院发来的公共邮件,祝贺内格尔教授荣获 Balzan Prize 的大奖。其实,内格尔教授于 2008 年还曾获得由瑞典皇家科学院颁发的三年一度的 Rolf Schock Prize,其在当世哲学家中鼎鼎大名,让人顿生敬仰之情。围

---

[1] 多学科(Multidisciplinary)指形式上的学科交叉,学科界限仍然存在,不同学科的专家由于共同的难题而走到一起,多个学科产生互动。

[2] 交叉学科(Interdisciplinary)指由于共同的问题而产生的学科间的或跨学科的交叉,其相互作用可能创造一个新的领域或学科。

[3] Thomas Nagel,1937 年 7 月 4 日—,美国哲学家,研究领域为政治哲学、伦理学、认识论、心灵哲学。

于一年时间太短,而纽约大学税法项目每年有上百门课程供选择,我在以复杂性著称的税法海洋中奋力遨游早已精疲力竭,实在无法分身去旁听法哲学系列课程,未能现场领略哲学大师风采。虽心有遗憾,但终觉如果购买他撰写的专著,回头再深入学习钻研,也未尝不是一个弥补缺憾的好办法。而本书的另外一位作者利亚姆·墨菲(Liam Murphy),相较于内格尔教授,他在原著出版时只是一位年轻有为的法哲学教师。经过十多年的辛勤耕耘,他现已成为一位在跨学科领域成果斐然的教授。除了这本影响较大的专著外,最近五年,他又连出一本著作和多篇论文,内容涉猎广博,包括合同法、法哲学、政治经济学批判及国际法〔4〕,引起了法哲学和部门法学者们的高度关注〔5〕。

两位作者的丰富背景和研究旨趣足以吸引我的注意,而让我的目光聚焦于这本专著的原因却直接源于我的合作导师 Lily Batchelder 教授〔6〕讲授的 Tax law and Policy 课程。在她推荐的参考资料中就有这本书的部分章节,尤其是在课堂讨论到受益者付费或利益原则(the Benefit Principle)和量能平等负担原则(Ability to Pay)时,来自世界各地的同学根据自己的经历探讨怎样才是公平纳税,气氛紧张而激烈,给我留下了深刻的印象。为什么利益(受益者付费)原则不能作为税收公平的最终标准? 为何该原则最终

---

〔4〕 他的一部专著是 *What Makes Law*: *An Introduction to the Philosophy of Law*, Cambridge University Press, 2014;两篇论文分别是 *Law Beyond the State*: *Some Philosophical Questions*, 28 *Eur. J. Int'l L.* 203 ,2017,以及 *Why Does Inequality Matter?*: *Reflections on the Political Morality of Piketty's Capital in the Twenty-First Century*, 68 *Tax L. Rev.* 613, 2015;而论文 *The Practice of Promise and Contract*, in *Philosophical Foundations of Contract Law* 被收入到 Gregory Klass, George Letsas 和 Prince Saprai 主编的书中。

〔5〕 《欧洲国际法评论》的主编、知名国际法教授 Joseph Weiler 与纽约大学的 Liam Murphy 教授对话,讨论该刊于 2017 年第 28 卷刊发的文章《超越国家的法律》(*What Makes Law*: *An Introduction to the Philosophy of Law*)。作为一名法律哲学家,墨菲教授接受了探索国际法领域的挑战,试图为哈特教授(H. L. A Hart)的名著《法律概念》(*The Concept of Law*)第十章提供新的观点和养料,并批评其中所阐述的对国际法律体系的理解,这一领域自哈特以来在很大程度上被英美法律哲学家所忽视。对谈视频参见 https://www.youtube.com/watch? v=k1Snvyris6I,最后访问日期:2018 年 8 月 6 日。

〔6〕 Lily Batchelder 是纽约大学法学院的 Frederick I. 和 Grace Stokes 冠名法学教授,也是纽约大学瓦格纳公共服务学院的双聘教授。她曾担任白宫国家经济委员会副主任和奥巴马总统(2014— 2015 年)总统副助理,以及美国参议院财政委员会(2010—2014 年)首席税务法律顾问。

会被量能平等负担原则所取代？后一原则又分为禀赋（Endowment）、均等牺牲（Equal Sacrifice）和平等主义观念（Egalitarian Idea）三个阶段[7]，逐步进化。这一演进的过程，实际上回答了为何"人头税"看似最公平牺牲实则却是最不公平的税制，以及怎样才是实质上的平等主义牺牲等难题。正如理论进化论者所相信的，更好的理论会笑到最后，而税法理论正是以缓慢但坚定的方式，一步一个脚印地向前迈进。[8]这些问题看似简单，实则蕴含着深刻的国家和纳税人关系、平等和正义标准等哲学命题，准确回答它们并非易事。

　　最终让我们决定翻译这本书的导火索，却是一次税法小学期课程。2012 年 6—7 月，受上海交通大学小学期海外名师项目邀请，台湾大学著名财税法学者葛克昌教授来我校，与我一起向全校选修的学生讲授了"两岸税制比较"课程。这门课选取税法中有关捐税正义最为关键的七大论辩主题，运用全新的论辩式教学方法，让同学们在探讨和争论中理解国家权力与公民权利之间的相互博弈过程，思考国家与纳税人之间的依赖关系。葛教授作为中国台湾地区税法学会理事长，台湾大学法学院资深教授，在行政法、税法及国家学方面著作丰富，成果斐然。在上课接送途中，由萧凯充当专车司机，我们趁机向葛教授请教，偶然提到《税与正义》一书。我们惊讶地发现，熟读德国公法和财税法经典名著的葛教授为我校通识课程准备的税收正义的七大论辩主题，竟然和《税与正义》的研究主题高度相似，都包括租税国为社会国与法治国的桥梁、量能平等负担原则、公司所得税与个人所得税衔接中的再分配公平、收入与资本之间的税基平等、税率累进性、遗产与赠与等财产税分配正义等内容。这绝非巧合，它引发了我们对这种欧美理论问题高度相似性背后原因的强烈好奇心，于是我们决定一起翻译此书。

　　译事不易，其间还有不少其他教学和研究任务需要完成，一直延续到现在才得以付梓出版。反观当今之中国，立足于全球税收治理的新视野，正在以构建现代化税收体系，提高税收治理能力为目标，进行着新时代的税制变

---

[7] 参见 Liam Murphy & Thomas Nagel, *The Myth of Ownership*: *Taxes and Justice*, Oxford University Press, 2002, pp. 16 - 30。

[8] 参见[美]罗闻全（Andrew W. Lo）著：《适应性市场》，何平译，中信出版社 2018 年版，第122 页。

革。间接税方面,截至 2016 年 5 月 1 日,我国全面推开营改增试点,增值税在全国实现了对三次产业的全覆盖,营业税从此告别历史舞台,基本实现了现代增值税制度,消费税改革也在加快调整之中。直接税方面,企业所得税的改革完善也正在稳步推进,继续在创新驱动发展战略的背景下努力降低企业税收负担;至 2018 年 7 月 28 日凌晨,《中华人民共和国个人所得税法修正案(草案)》对外公开征求意见结束,中国人大网共接收到近 13 万条意见反馈;8 月 31 日,十三届全国人大常委会第五次会议表决通过了关于修改《中华人民共和国个人所得税法》的决定,个税从分类税制转向综合与分类相结合的税制,提高了基本减除费用标准,增加规定专项附加扣除,个税改革迈出了历史性一步,也标示着作为典型直接税的个人所得税修改已经深深牵动着大众的心;而即将拉开帷幕的个人所得税汇算清缴工作,将会带来中国税务史上首次最大规模的申报季;即将面世的房产税草案又会引起万众瞩目。在一系列税法大变革中,税与正义是税法的最高价值理念,成为现代法治国家和税收国家的圭臬,是社会法治国不可回避的议题,这也是本书译者将副标题"税与正义"推高为译著正标题的原因。一本书是否为经典之作,时间是检验其适应性的唯一标准。译者以为,该书对于当下之中国,仍具有深刻的理论借鉴意义和丰富的现实效用。

最后,感谢上海三联书店殷亚平编辑与宋寅悦编辑细致耐心的工作,不仅为本书的出版及其资助多次斡旋,还为我们因工作繁忙等拖延工期的各种借口网开一面。也感谢季卫东教授和王笑红博士在译著出版中的无私惠助。这本小书翻译历时之长,想起来既惭愧又感慨,而它的确是我们共同的兴趣和爱好使然,在没有任何压力的环境下作研究,本身是一件幸福的事情。囿于税法和法哲学之艰深,而译者的视野和精力有限,译事疏漏与不足之处难免,诚请读者诸君不吝指正。

是为序,于我是自序,于萧凯是代序。

许多奇

2019 年 11 月 18 日于沪上莲花居

目　录

第一章　导论

在资本主义经济中,税收不仅仅是政府和公共服务的支付方式,对于政治体制实现经济正义和分配正义而言,税收也是最为重要的手段。也正因为这一点,税收问题会激发各种强烈的情绪,并且和经济上相互冲突的自身利益及各不相同的正义观或平等观交织在一起。

一个图表,不管是显示边际税率(marginal tax rates)的变化,不同收入群体缴纳税款所占收入的百分比,还是人口中不同阶层的总体税负比例,任何人看了都必然会有所反应。尽管人们对于何为公平意见不一,但税收政策直接呈现出公平问题却是一个普遍的感受。谁应该缴多少税? 所为何来? 哪些收入免税或需从税基中扣除? 何种税后收入或不同人群的缴纳税款上的不平等是正当的? 诸如此类问题,都涉及我们共同政府的财政运作,无不众说纷纭,莫衷一是。

毫无疑问,上述问题均关乎正义,但从道德视角观之,相较于其他一些具有道德性质的公共问题而言,如表达自由、色情文学、堕胎、平等保护、反歧视行动(affirmative action)、性行为管制、宗教自由、安乐死、协助自杀(assisted suicide)等,税的问题缺少深入讨论。近年来,约翰·罗尔斯的《正义论》使学界关注点转向正义问题,在抽象层面上论述社会经济的正义问题的著述已是汗牛充栋,但它们仅论及了正义的各种一般性理论,对于税收政策这样一个充斥着意识形态的政治核心问题却鲜有触及。

部分原因在于,财政政策涉及不同选择下经济后果的经验不确定性,很难把正义观的不同意见与对未来之不同预测区分开来。例如,一种正义理论本身无法赞同或否定一项税收减免,后者需要考量评估的是这种税的变化对投资、就业、政府财政及税后收入分配的影响。与之相反,个人权利中的突出问题,即便涉及经验层面或道德的维度,也更易于辨识。

另一区别也许是,税收纷争通常是在政治选举中战火纷飞——因为煽情的口号压倒一切,却很少烧到法庭上——因为思维缜密和旷日持久的辩论才会更令人接受。毋庸讳言,美国法院通过解释宪法来明确个人权利,这一直以来对于在这些领域的公共辩论中引入道德和政治理论作用甚大。

不论是何原因,我们认为,对税收公共政策的伦理维度进行哲学探讨存在缺失,或者至少说不甚热烈,本书希望能对此抛砖引玉。而且,当前对经济正义(economic justice)的严肃讨论,很大程度上已经被似是而非的税收公平(tax fairness)概念所取代,因此本书的意义尤显突出。在此,我们希望列出重要问题,批判一些既有的方法,并且提出及论证我们能得出的结论。

在政治辩论中,很多突发的问题都与税收体系的结构有关,但是一个更大的问题是税收的目的,即政府征税要用于哪些事项。诸如国防、国内秩序或安全等公共物品没有什么争议,但除此最低开支之外的其他事项均不乏异议。无论是教育、医疗、公共交通,还是艺术,到底多大程度上应得到税收支出?税收应该劫富济贫,分配资源吗?或者至少是减轻那些因为身体残疾、失业或低收入而难以自保的人群的困境?

税的最佳配置问题。是对个人征税,对企业征税,还是对特定交易本身征税?是征销售税还是征增值税?税基是财富和财产呢,还是一段时间内资源的流动?如果是后者,是以收入还是以消费来衡量?对于家庭内部及代际之间的财富转移,尤其是死亡时,税收体系应如何处理?

不应征税的问题。比如,怎样的最低收入应免于征税?哪些类型的支出应进行税收抵扣或税收优惠?另一个老生常谈的问题是比例税或统一税(flat tax)与累进税及合适的累进率之争。还有我们很熟悉的不同纳税人的区别待遇问题,如结婚的和未婚的、有房的和租房的等,以及这种区别对待的正当性理由。

最后,反对"大政府"的前提问题,即是不是应该一般性地反对征税,让财富留在创造或获取它们的私人手中,允许人们通过自主支配其通过参与自由市场经济而获得的财富。如果存在这样一个前提或是需要推翻的初步理由,那么就意味着任何由税收支持的项目和目标都需要更为充分的理由。

前述这些问题在联邦、州和地方的每个层面上都会出现,也正因为如此,不管选举在哪儿举行,税都是充斥着价值纷争的政治核心,有时候甚至是构成全民公决的事项。当然,政府也有其他方式筹钱,如进口关税、许可证费、通行费、国营彩票业、借款等。为避免过于繁杂,我们在本书中不作讨论。在一个非社会主义的经济中,即不存在生产资料的公有制,税收和政府支出是讨论经济正义的核心要义。

说到经济正义,我们就进入了有关政治和社会哲学的更加抽象的争论范畴,这些哲学纷争对税收政策的影响也正是我们深入剖析的问题。说到底,这些不同理论其实都试图描述民主国家对于其国民的权利和义务,以及国民对于其国家及国民相互之间的权利和义务。

有限民主政府在某些方面限制了个人自由,有些领域则未加干涉,并为个人提供某些福利。通常,这些福利的提供是以对个人自由加以限制的方式作出的,无论是维持和平、保持公共安全,还是为儿童医疗、公共教育及养老提供财政支持,均是如此。有关政府福利和对自由限制的正当范围,以及这种范围对个人权利的影响方式都存在不同意见,这也正凸显了对税收的不同立场,不管税收本身是否明确。这些分歧实际上反映出,对于通过普通机构形成的我们相互之间的集体权威的边界和限制。

现在,人们普遍认为,政府的职能已经扩张,远远超出了仅仅通过防止个人之间的暴力、保护私有财产及抵御外国入侵来提供的对内对外安全。问题是,政府职能到底有多大?没人会否认,诸如普遍的国民素质和环境保护这样一些公共物品难以通过私人行动得到,而必须政府介入。但是,对于政府提供这些公共物品的恰当程度则政见迥异。其中,争议最大的是,政府权力不仅为每个人谋利,同时也为一些弱势群体提供额外福利,理由是某些社会和经济不平等是不正义的或非常糟糕的,我们有义务帮助我们的同胞解决或改善这些问题。

这些争议与市场经济所导致的正义或非正义的结果有关,即市场结果与生产投入报酬之间的关系,以及经济成功或失败的决定因素,从道德视角来看,往往是随机的。那么,保留自己收入的权利,其道德基础是什么呢?在一个经济基本上私有和政府民主的社会中,税收政策正是上述问题聚讼纷纭的主题。

我们每个人一方面是作为私人主体参与市场经济,而另一方面我们每个人又是一个公民,通过政治来参与公共选择的过程,因此我们就应该将社会正义和政治合法性的理念与我们的一些更个人的动机结合起来。只有这样,对于期待政府作为的问题,我们才能形成持久稳定的观点。当决定是赞成还是反对一项减税时,我们不仅要思考这项减税对于我们自身可支配收入的影响,而且还要考虑到其更加广泛的社会和经济后果。实际上,税收政策不是由外在于社会的力量所决定,而是必须以某种方式,由该社会的内在力量选择,在不可避免的深刻分歧之间达成政治性的结果。这就使得税收问题更加复杂了。因此,把民主政治中的私人动机和公共动机结合起来,是我们对此问题进行讨论的重要内容。

但在深入探讨背后的道德和政治哲学之前,我们需要首先梳理一下传统税收政策学说中一直以来是如何解决这些评价性问题的。为了评价税收政策,学界提出了很多具体的概念:纵向公平(vertical equity)、横向公平(horizontal equity)、福利原则(the benefit principle)、平均负担(equal sacrifice)、负税能力(ability to pay)等。本书将从分析这些概念切入,进而解释为什么这些概念无法充分体现税收政策规范性分析中的各种衡量因素。

本书的讨论中有一个贯穿始终的关键命题:私有财产是一个法律习俗(legal convention),其本身也部分取决于税收制度,因此不能认为私有财产独立存在或具有独立效力,而税收制度也不能依据其对私有财产的影响来加以衡量。税收必须作为整个财产权体系架构的一部分来予以衡量。税收制度的正义或非正义,只能是特定税收体系下的财产权制度的正义或非正义。

　　财产性质的这种习俗性太过明显，以至于极易被忽略。我们身处在一个非常精致的法律体系中，财产权利的取得、行使和流转均有法可依，所有权看上去是这世界上最自然的东西了。但是，我们在获得工资，拥有房屋、银行存款、养老金及各种私人物品的这个现代经济背景下，如果离开了政府在税收基础上所提供的法律框架，就是痴人说梦。

　　任何广为流传、深入人心的习俗看上去都好似自然法一般，构成权衡基准，而不是被权衡的对象。财产权就是这样一种一直令人错解的概念。美国内战前的南部奴隶主就认为禁止奴隶进口侵犯了他们的财产权，从而对此愤愤不平，更别说废奴主义者帮助奴隶逃亡加拿大之类的种种举措了。而在当时，拥有奴隶的财产权也是法律所创设的，受到美国宪法的保护。各种干涉奴隶财产权的行为是否正义，如果离开了其制度本身的正义考量，就无法衡量。

　　如果习俗深入人心，那么大多数就呈现出自然法的形式，其习俗性难以察觉。这也是习俗的效力来源之一，若非内在转化，则缺乏这种效力。另举一例，如社会中基于男女不同角色的习俗，或好或坏都存在理由，但如果衡量这些习俗，很关键的一点就是，要避免以表面上的"自然"权利或规范来作为正当化的理由。要知道，这些"自然"权利或规范，实际上就是习俗本身内在化的心理结果。譬如，认为女性从属于男性，这个观念势必把柔顺服从当作一种自然的女性特征和美德，并反过来证明男权主导是合理的。亚里士多德认为有些人天生就是奴隶及其对女人的种种看法就犯了这种错误，把一个制度的结果误作为其自然基础。[1]一项习俗或社会制度的结果，反过来作为自然而然的事实来支撑这种习俗或社会制度，这是循环论证。

　　就税收和财产而言，情形更加复杂，甚至更加荒谬。本来由习俗所确定的财产权利，却不假思索地被认为是天赋权利，这进一步支持了对现状的自鸣得意，好像已经是不言自明。而且，这还会导致对现有体制令人更加迷惑的一种批判，即事实上，这些天赋权利不过是对现有体制本身的法律效力的

----

[1]　参见 Aristotle's Politics, bk. 1, ch. 5。

误解,却用天赋权利来批判体制,岂非矛盾? 诉诸"税前收入"(pretax income)作为财产权的基准来衡量税收政策的逻辑是错误的,因为在产生所有这些数字的体系中,税收都是不可分割的。无论是支持还是批判一个经济制度,你都不能把作为其结果的一部分单列为一个独立的标准。

第二章 传统的税收公平标准

一、税收政策中的政治道德:公平

长期以来,人们已经认识到,税收政策必须考虑政治道德或公平。[1] 虽然经济理论提供了关于不同可能税收结构之可能影响的重要信息,但它本身不能决定其选择。主张税收政策只是"最有利于经济增长"或"最有效率"的任何人,不仅必须解释优惠政策为何有这些优点,而且还必须说明政治道德证明追求增长或效率合理性的理由,而不管其他社会价值观。

除经济效率外,传统上,在税收设计中赋予的社会价值观是公平;税收设计的任务是提出一个既高效又公平的方案[2]。传统观念中的公平被认为是评估不同人士税收待遇差异的标准,原则是境遇相同的人的税负必须平等,并且境遇相对不同的人的税负应不同。

从历史角度来看,对税收公平的大部分讨论,采取的是尝试解释这一要求的方式,而且是看待对政治讨论继续产生重大影响的问题的一种方式(例如,布什总统

---

[1] 对税收政策分析的政治道德部分的历史回顾(直至 19 世纪),参见 Seligman (1908)。

[2] 有时,简洁明了也作为一个不同的标准;我们认为,广泛而言,这只是效率的一个方面。

坚持,当减税时,每个人的税收都应该减少大致相同的比例)。

从早期开始,对这种理论就有不同意见。目前,一些最著名的税收理论家持反对意见。尽管如此,我们将首先详细解释我们认为只专注于税收负担分配是错误的,以及为什么其他政治价值观必须在任何适当的税收公平讨论中发挥作用。这也将有助于区分我们与传统理论的其他当代评论家在意见上的不同。

对于公平的传统讨论,即使是以其自身的术语来看,也有重大差异。然而,对这些传统观念的考察,是提出政治道德问题的性质和复杂性的一个很好的方式,而政治道德问题是税收政策必须解决的。[3] 所以,我们将从传统框架内部开始讨论。

二、纵向公平:税收负担分配

大家一致认为,征税应该公平对待纳税人,但什么是所谓的公平待遇则人言人殊。解决这个问题的标准实践,是区分纵向公平和横向公平。根据这种观念,纵向公平是不同收入(或消费、或任何计税基数)水平的人在税收待遇中的公平要求,而横向公平是同等收入水平的人在税收待遇中的公平要求。纵向公平在分析上更为根本,因为只有当我们认为不同收入水平的人员应该负担不同的税收时,收入的一致性对于政策目的才会有意义。[4]因此,我们首先处理纵向公平问题。

作为限制性情况,考虑最简单的税收形式,即人丁税或人头税——每个人无论收入如何,都支付相同美元数额的税金。除了简单之外,人头税从表面上来看,可以说是对公平的一种形式诉求,因为它对每个人都是一样的。如果这样做是公平的,那么纵向公平问题很容易解决——收入不同的人不

---

〔3〕 税收正义包括税负的公平分配,似乎仍是公共财政经济学家的主流观点,见 Slemrod and Bakija (2000), chap. 3; Bradford (1986), chap. 8; Stiglitz (2000), chap. 17。在 Hall 和 Rabusha (1995)的思辨性著作中,这也被认为是理所当然的。但自19世纪末以来,一直有强烈批评,见 Wicksell (1896)。最近的文献,见 Gordon (1972), Bankman and Griffith (1987), Griffith (1993), Kornhauser (1996a), Fried (1999a)。

〔4〕 参见 Musgrave (1959), 160。

应该缴纳不同的税额,他们的税额应该是一样的。但是,即使是脱离税前收入进行重新分配,这一论调最强烈的反对者也拒绝人头税,它也几乎从未被视为国民收入所得税的适当形式。[5]

鉴于每个人缴纳相同税额的税收方案表面看似公平,为什么几乎所有人普遍认为人头税是不公正的呢?其中一个原因是,纳税人之间有适当差别,这使得公平对待他们的税额是不同的——确实,对他们实行相同税收待遇是不公平的。[6]这是纵向公平话题开始之处——通过提问来证明不同税收负担是合理的纳税人之间的相关差别是什么。

我们会重新探讨该问题的传统答案。但是,我们的目的是解释为何该问题本身是一种误导。人头税的不公正有更根本的原因。

提前概述我们讨论的两大主题是有帮助的。首先,纵向公平理论常常缺乏远见,因为其试图将税收中的公平视为一个单独的、自洽的政治问题。结果不是对政府公平只作了片面分析,而是一个虚假分析。[7]不考虑政府如何分配资源,就无法确定什么才算税收中的公平。

缺乏远见使得以简单而戏剧性的方式,即表格形式,列出与各种税收改革相关的税收负担分配的美国当代立法过程曲折多磨。[8]大多数政府转移支付不包括在这些税负表中,这些转移支付涵盖最重要的社会保障和医疗保险支付。[9]该做法受到了强烈的批判,正如戴维·布拉德福德(David Bradford)写道:"经济学家早就认识到税收与转移支付之间的本质等价性。"[10]显然,与同等转移支付相匹配的税收负担,在相关的意义上讲,根本不是税负。

但即使所有资金转移都包含在税负表中,问题也不会解决。而且,这也

---

[5]　Schoenblum (1995)如他自己所承认的,是一个例外,甚至他也赞成对低收入者免税(270-271)。20世纪90年代,美国政府试图在地方政府的有限范围内引入人头税,这导致了强烈的骚乱,而这也是撒切尔首相下台的原因之一。

[6]　相关差异性观念的一般讨论,见 Hart (1994),158-163.

[7]　参见 Graetz (1995),63-68,批判了税收联席委员会(1993)。

[8]　参见 Bradford (1995)的系列论文。

[9]　见 Graetz (1995),65-66。通常税负表中是低收入抵税额(EITC)。Graetz 论述道:"这种实践最可能的解释是 EITC 是由国税局规定的,而不是法律中的权利。"(66-67)

[10]　Bradford (1995),3.

是武断的,因为我们排除了道路、学校、警察等实物利益,更不用说确定和保护每个人财产权的法律制度。然而,如果实际上考虑到所有的政府利益,我们就会注意到,几乎没有人承受政府的净负担。我们将不得不得出结论:不存在单独的税收负担公平分配问题,这与政府是否确保分配正义的整体一般性问题截然不同。[11] 这可以被描述为关于将税收、支出和其他政府政策的不同利益分配给不同个人的问题,但这看起来与原来的问题迥然不同。

　　避免这一结论的唯一方法,是将福利或资源的一些道德上的特权假设分配作为评估政府负担的基准 baseline。而我们对纵向公平理论的第二个主要反对意见就是其通常这样做。这些理论隐含着政府作为服务提供者的愿景,其要求是在自由放任的资本主义市场经济体系中产生一种假设合法的产权分配。因此,税收公平被视为个人之间根据该基准评估而形成的税收负担公平分配。

　　税前市场结果(pretax market outcomes)是合理的,且税收公平被证明是偏离该基准的合理问题的假设,似乎来自关于产权的草率或"日常"自由至上主义。虽然复杂的自由主义政治理论的一贯应用导致几乎没有任何人实际接受那是不合理结果,但是在天真的日常版本中,自由至上主义在许多税收政策分析中被认为是理所当然的。我们尝试在第七章中对这种情况进行诊断分析,其中,我们将在税收负担方面提出我们最一般理论上的反对意见。

　　虽然我们的主要目的是解释纵向公平原则的要求,但从一开始就问错了问题。在以下四个部分中,我们通过审查对此问题(即纳税人应该用哪些特征来确定他们不同的税收负担)的几种传统答案来阐述纵向公平观念的这些评论。其中,第三部分考虑税收应与从政府那里获得的利益相对应的原则,第四部分、第五部分和第六部分对税收取决于支付能力(ability to pay)的原则进行三点解释。

---

[11] 这也是 Graetz 批判使用分配表而得出的结论。他建议应考虑税收对税后收入分配的影响。见 Graetz (1995),30。

三、利益原则（Benefit Principle）

　　纳税人之间的一个区别，当然是从政府服务当中获得多少利益。许多人认为，纳税的公平性要求纳税人的贡献与其从政府获得的利益成比例。[12] 利益原则的含义通常被认为含糊不清，因为我们甚至缺乏一个每个人从政府获得利益的准确衡量标准。但事实上，一旦我们正确理解从政府获得利益的观念，对这些利益的粗略评估似乎就并不是很棘手的问题。

　　要提出一个衡量标准，甚至理解任何类型的利益（或负担），我们需要问："相对于什么？"——我们需要确定基准。一旦利益已经转让，获得的利益大小是一个人的基准或受益前福利水平和该人福利水平之间的差异。在这种情况下，确定政府利益的基准是，如果完全没有政府，人们将享有的福利；政府服务的利益必须被理解为，某人在无政府世界的福利水平与其在有政府情况下福利水平之间的差异。

　　在完全没有政府的情况下，会是什么样的生活呢？将生活想象成现在这样：有工作、银行、房屋和汽车，唯独缺乏最明显的政府服务，如社会保障、国家艺术基金会、警察等，是不符合事实的。无政府世界是霍布斯描绘的自然状态，他将其恰当地描述为"所有人对所有人"的战争。在这样的情形下，毫无疑问，每个人的福利水平都很低，而且重要的是大致相等。[13] 如果没有政府创造和保护合法的产权及其价值，促进互利交流，我们不能闭着眼睛说，导致巨大福利不平等的能力、个性和继承财富差异在有秩序的市场经济体系会有同样的效果。（我们忽略的事实是，没有政府，地球只能维持目前

---

[12]　历史发展过程中，诉诸政府利益被用于两种不同的方式。在早期的倡导者看来，包括格劳秀斯、普芬道夫、霍布斯、洛克、卢梭、斯密等人就认为，利益原则可以解决税负公正分配的问题，即本章讨论的问题。这种观点一直沿续到了 20 世纪。但从 19 世纪末开始，经济学家则将利益原则限于解决另一不同的问题，即确定公共供给与私人供给的合理范围，政府应该直接提供哪些利益，以及在多大程度上提供。见 Musgrave（1959），chap. 4。

[13]　见 Gibbard（1991），这一点并没有因为自然状态下相互保护的合作可能性而减损，这也是通向政府之路。见 Nozick（1974），chap. 2。

人口的一小部分,所以我们大多数人甚至不会在霍布斯的自然状态下生存。)

如果利益评估的相关基准是非常低的福利水平,对于在没有政府情况下的每个人来说大致相同,那么我们可以将人们在有政府情况下的实际福利水平用作粗略衡量政府转让给人们的利益的标准。而且,如果收入(以某种方式定义)是人们对福利可接受的衡量标准,那么利益原则似乎可以产生以下简单的所得税纵向公平原则:人们应按照其收入的比例缴纳税款,也就是说,以相同的百分比缴纳——统一税。[14]

即使不考虑收入是否为可接受的福利衡量标准,这一结论也难以成立。对于通过与利益成一定比例来征税以实现公平的说法,必须意味着,不是每个人都应该按照所收到利益的比例缴纳美元数额,而应该按照获得的利益比例来实质计算其负担。[15]一旦考虑到货币边际效用不断下降这一为人熟知的事实,利益原则建议的所得税税率结构的类型就完全无法厘清。根据边际效用下降的方式,该原则基本上能够成立累进、成比例的,或者甚至是递减的税制。[*]因此,利益原则即使被认为是理想的,也将面临一个实际的问题:它的实现需要知道收入的边际效用如何急剧下降,以及下降率多少,而这会因人而异。[16]这是纵向公平许多衡量标准所面临的问题。我们将在下述的不同背景中对其进行讨论。

但是,利益原则存在一个更根本的问题:不管它是否建议比例税制,利益原则无法为我们提供有关税率应该是多少的指导,因为该原则无法指示出适当的政府支出水平。利益原则认为,支出是既定的,然后再按照所产生

---

[14] 常常有人得出这一结论。见 Hayek (1960),315 - 316。从利益原则角度讨论比例税收的论述,见 Fried (1999a)。

[15] Fried(1999a)探讨了利益原则是另一种完全不同的解释:税可以被理解为向政府服务所支付的价格,就像在私有市场上一样,一个人从政府服务中得到多少效用或多少无效用是以税收支付的,都是不相关的问题。

[*] 若平均税率随收入(或任何计税基数)增加而增加,则税收是累进的;若平均税率在收入增加时保持恒定,则税收是成比例的;若平均税率随收入增加而减少,则税收是递减的。(税收政策文献有时在不同的意义上使用"累进税制"这个术语,就是指边际税率上升。)

[16] 如此解释利益原则,实际上是要求人们的税收负担与其福利成比例。见 Musgrave (1959),100 - 102。

的利益比例分配税费。这就是我们所指的缺乏远见的一个实例。

乍一看,很容易忽略这个问题。不应该将税率设定在足以支付民主进程认为合适的政府服务的水平上吗?日常政治决定了政府应该提供什么;利益原则告诉我们如何以公平的方式资助政府拨款。但是,这种思路的麻烦在于,它自命政府服务的性质和程度问题本身并不会引起公平问题。一旦我们认识到这些问题,显然利益原则就不能作为税收公平的标准。

如果我们认为在社会正义的大多数情况下,政府的目标之一是向其他贫穷地区提供(至少)最低限度的收入支持和保健服务,那么这种混乱尤为明显。[17] 但是,若这是公正政府目标的一部分,则与利益原则冲突。因为尽管政府的利益比富人的收益差得多,但是相对于"所有人对所有人"的基准,他们仍受益颇多,特别是在一个至少有最低福利制度的国家。根据利益原则,穷人必须按照收入的比例来支付这笔福利。但提供最低收入支持,然后要求为该服务付款,是完全没有意义的。[*]利益原则作为政治道德,与社会正义实际上难以相容,因为后者要求政府提供任何形式的收入支持或提供福利给穷人(更不用说更强烈的平等主义分配目标)。

现在有一些社会正义的主张,反对所有对贫困者的支持,因为这不正当地重新分配偏离了市场回报。所以,似乎这个利益原则根本不是缺乏远见,而是来自于更广泛的自由主义政治道德理论。根据这种理论,市场所产生的福利分配被假定为是公正的,且不应该受到政府的干扰。

但利益原则实际上与任何这种正义理论都不相符。因为如果我们假设税前基准是不受政府干扰的市场结果之一,并且进一步假定所产生的分配是公正的,因为人们有权从市场中退出,那么我们将会认为税收的利益原则

〔17〕 甚至是号称"终结福利"的美国 1996 年《个人责任与工作机会协调法》中也保留了食品券和医保。对该法案的制定变化,见 Hershkoff and Loffredo (1997)。

〔*〕 诺亚·费尔德曼(Noah Feldman)建议,这种荒谬行为可以通过更广泛的利益原则来避免,而这种原则不仅被理解为税收政策的原则,而且被理解为一般的公平原则。根据这一原则,个人有义务偿还其从政府获得的利益,不仅通过税收,而且还通过结合忠诚、守法和服务国家的意愿(例如,通过在战时接受征兵)。那么,可以这么说,即使那些从国家获得收入支持而不缴纳税款的人,也仍然有望偿还实物的利益。我们不会尝试将这个有趣的建议作为分配公平理论来评估。无论如何,是否可以用对税收负担分配有明确影响的方式制定出来尚不明确。

是不公平的,因为它扭曲了这种分配。按实质计算,利益原则从在市场上做得非常好的人那里所获得的比做得不好的人要多得多。[18] 如果假定市场结果是公正的,那么这是难以保证的,而且还必须寻求其他一些稍显公平的方法来支付政府和市场经济法律保护的费用。我们将在以下第五部分中考察这样的标准——均等牺牲原则。然而,利益原则不能通过将其纳入以市场为导向的产权理论来消除其不一致性。利益原则与每一个社会和经济正义理论都明显不符。

四、支付能力(Ability to Pay):禀赋

从历史角度来看,利益原则的主要替代方案是按照纳税人"支付能力"进行征税的原则。这是现在最常引用的纵向公平标准,在德国、意大利和西班牙,它已经取得宪法地位。[19]

在这种观点下,人头税是不公平的,它忽略了人们在履行纳税义务的能力上有所不同的事实。支付能力的概念当然是模糊的,需要通过不同方式对其进行解释。一个最初的混淆在于,这是否是指人们根据实际经济情况缴纳税款的能力——考虑到他们的选择和现在的收入与财富?还是指人们根据他们的选择及他们因此有能力赚取可能更高收入和财富的支付能力?关于后者的解释,支付能力的观念导致了禀赋税(endowment taxation)的观念:人们应该按照其禀赋缴纳税款,这个禀赋被定义为赚取收入和积累财富的能力。显然,潜在收入可能高于实际收入。放弃成功商业生涯的人成为一个失败的作家,从而获得了低于潜力的收入。根据禀赋税,该人的纳税额不会随着收入下降而下降。

没有人提出实际实施禀赋税——衡量一个人最大潜在收入的难度是一个明显的问题。[*]但是,在经济学家中,根据禀赋作为税收政策理由的基本

[18] 我们讨论的是利益原则的普遍形式,是基于从政府得到的所有利益,而不局限于用以确定提供公共产品的合理水平的有限形式。见本章脚注[12],以及第四章。
[19] 见 Vanistendael (1996),22-24。
[*] 另一个则是干扰纳税人自主权的可能性,参见第五章第八部分。

原则而采用的税制观念并非鲜见。理想的或最好的税收方案将实行禀赋原则；实际提出的税收方案是次优的，因为它们旨在实现理想税收方案，只是基于各种实际的考虑而必须与其有所偏差。[20]

禀赋原则起源于支付能力理论的最早版本。据最初的理解，人们的纳税能力，也被称为他们的"特定能力"（faculty），被理解为财产或财富的一种功能。[21] 这当然再自然不过了———一个有更多财富的人，在字面意义上是有能力转让更多的财富给国家的。但是，除了普通财产之外，人们拥有经济学家所谓的"人力资本"，即知识、能力、人格、关系等资源，这些使他们能够有效地行事———最重要的是，在市场经济中获得工资。所以，并不奇怪的是，到了19世纪，一些分析师开始提出，正确理解的支付能力是一个完全意义上的禀赋，即包括一个人的潜在收入。[22]

然而，由于人力资本的"结算"需要劳动力，因此对支付能力观念的禀赋解释与公平价值之间只有间接的关系。实际收入差距与税收负担分配有关，因为高收入人士有更多的钱可以使用，这是一回事，而认为对每个人征收相同的税款是不公平的，因为拥有更多钱的人应该缴纳更多的税款，则是另一回事。正如我们将要看到的，这个简单、不精确的观念不可能成为公平税收理论的基础，但它一定具有初步的直观可行性。而对于潜在收入应该决定税收负担分配这个非常不同的观点，则天差地别。

如果两个人，贝尔特（Bert）和库尔特（Kurt），赚取相同的金额，但实际上贝尔特正是以自己全部的能力获得收入，而库尔特则以低于他的能力获得收入，那么为什么会认为对他们征收完全相同金额的税款是不公平的呢？我们不能说库尔特拥有更多的钱，因为他没有。也许他有更多的空闲时间，经济状况比贝尔特好。[23] 但也不一定是这样的，也许库尔特和贝尔特工作的时间相同，但是库尔特的收入要比他实际能够赚取的要少，因为他选择成

---

[20] 见 Mirrlees（1986），1197 - 1198，1209 - 1217；Attinson and Stiglitz（1980），356 - 362。

[21] 对支付能力理念的历史考察，见 Seligman（1908），204 - 289；Kiesling（1992），chap. 2。

[22] 见 Walker（1888），14 - 16。对支付能力采相同解释的，晚近可见 Bradford（1986），chap. 8。

[23] 又参见第五章。

为老师而不是律师。

　　但无论他是以空闲还是低收入的方式来服务，在正常的税收制度下，库尔特相比于贝尔特都有一个优势，即他在意的某些东西使他失去了一些收入，但只是他没有赚取的收入。所以，可以这么说，如果税收仅针对实际收入进行征收，库尔特就可以免税享受那些优势。不会因为库尔特工作较少时间或作为老师而不是律师，从而针对他放弃的收入进行征税，而对贝尔特则会根据其赚取用于购买宝马所得的收入进行征税。这看起来似乎是一种不公平的武断区别。可以认为，公平待遇要求在税收方案中考虑到这种差别，以及税收不仅仅是以现金收入来评估，以拒绝给予库尔特不应得的免费利益。[*]

　　然而，公平并不是当代经济学家为禀赋作为理想的税收原则而提供的主要原因。这种情况通常不是以公平或道义上的义务[24]而是因为禀赋税与实际收入税不同这一事实，不会妨碍进一步的劳动[**]。

　　实际收入税有两种相互矛盾的行为影响。第一个影响是鼓励人们选择更多或更高薪的工作；这归因于经济学家所谓的收入效应——税收让你减少财富，从而减少你消费的机会。第二个影响被称为替代效应，即税收鼓励人们通过减少单位劳动报酬来减少工作。没有税收的情况下，额外一小时的工作时间可能比一小时的空闲时间更有价值；有税收的情况下，额外工作时间的价值可能少于空闲时间的价值。相比之下，禀赋税或潜在收入税则是一次性征税，因此只有收入效应而没有替代效应，因为无论是否有额外的工作时间，都必须支付相同的税款。

　　为什么税收没有更可取的替代效应呢？答案与公平无关。相反，它实

---

[*]　认为公平要求库尔特缴纳更高绝对税额的另一个原因是，在他的潜在收入不足之情况下，他在某种意义上逃避了他的责任。沃克（1888）基本上就这个论点对类似库尔特这样的人群作出了总结："他的社会和工业失职远远不能让他从任何部分的义务中解脱出来，相反，对其施加更重的合理负担以补偿其不良实例和恶劣行为对社会造成的伤害。"沃克是1885年美国经济协会的第一任总裁。

[24]　Bradford是一个明显的例外，参见本章脚注[22]。

[**]　在第五章第八部分中，我们将讨论基于公平的禀赋话题。

质上会产生功利主义的论据。[25] 作为一种道德理论,功利主义要求每一个人都尽其所能,能够最好地促进每个人的总体福利。但应用于税收政策的功利主义并不关心人们是否履行职责,在个人道德责任的考虑中确实也没发挥任何作用。相反,它将重点放在制度设计上,作为影响人们行为的一种方式。

功利主义对人们的行为具有纯粹的工具性利益。当应用于税收设计的问题时,功利主义告诉我们,最好的税收制度是通过激励措施和其他方式来促进总体福利最有效的税收制度。目的是设计一种税收方案,鼓励人们为了总体利益而表现最好的方式来行事。从这个角度来看,替代效应始终都不好,因为这可能导致在其他方面选择在额外时间工作的人不会再在额外的时间里工作,从而阻止了互利交流。因此,在对行为的影响方面,一次性征税是理想的。当然,人头税也是一次性征税,但是很容易看出,为什么功利主义者更喜欢禀赋税,因为它对生产力较高的人们比对生产力较低的人们更有激励作用。从功利主义的角度来看,产生更多价值的人更倾向于放弃休闲时间。[26] 经常被指出的是,功利主义与马克思的《哥达纲领批判》的说法是一致的:"各尽所能,按劳/需分配。"

我们可以得出结论,将禀赋原则作为税收政策的理想原则的标准经济案例,不应被理解为对"支付能力"的解释,因为该短语意在提出对纵向公平问题的回答——确定在不同地位的人之间公平分配税收负担的问题。标准的理由是总体效用(utility)而非公平(fairness)。

五、支付能力:均等牺牲(Equal Sacrifice)

我们已经看到,如果计税基数是实际收入,那么直接的意义就是向更多收入的人征收更多的税款似乎是公平的,即那些有更多钱的人,纳税能力更

---

[25] 我们在这里忽略了功利政治理论与福利经济学假设之间的差别。相关讨论可参见 Atkinson and Stigitz (1980),333 - 365。也可以参见第三章第五部分。

[26] 参见 Tuomala (1990),51 - 57;Stiglitz (1987),993 - 996。

强。虽然这听起来似乎很合理,但是这个想法依然不明确。至少有两种不同的意义,其中之一是一个较富有的人比一个较穷的人更具有纳税能力。首先,我们可能会认为,有更多钱的人可以放弃更多,因为额外的钱实际上对他们来说是无价值的,所以他们可以比一个较穷的人支付更多的金钱——有时甚至更多——而不会在福利上有更大的损失。或者,我们可能认为,有更多钱的人可以放弃更多,因为即使他们承受更大的真正牺牲,他们将会留下更多的东西。他们在某种意义上仍然会拥有足够的财富,而且仍然会比那些收入少的人更富裕。约翰·斯图亚特·密尔(John Stuart Mill)对这些可能性中的第一个表示了赞赏,他首先提出了均等牺牲这一重要原则。[27] (我们在下一部分中讨论第二种可能性。)

按照均等牺牲原则,公正的税收制度将根据纳税人的收入来区别对待纳税人,从收入更多的纳税人那里获得更多的税款,从而确保每个纳税人维持同样的福利损失,使相对于每个人的真正货币成本是相同的。这里的关键事实假设又是货币边际价值递减的情况;均等牺牲原则是否导致成比例的或累进的税收方案,取决于收入边际效用递减的速度。

我们不知道边际效用如何急剧下降,但均等牺牲原则可能需要经验推测才能实施,这并不表明它是不正确的。粗略的猜测将成为任何合理税收公平理由的一部分,相对于另一个理由而倾向于某个理由,只因为似乎更容易实施,是严重的错误。正如经济学家阿马蒂亚·森(Amartya Sen)所说:"粗略的正确要好于精确的错误。"

在这个阶段,我们的问题是,均等牺牲原则作为政治道德问题是否是合理的更根本问题之一。牺牲与利益一样是一种负担,我们对负担性质的理解取决于我们用于比较的基准。显而易见的是,为均等牺牲原则设想的基准不是无政府世界和"所有人对所有人的战争"。如果这个原则涉及净牺牲的平等——政府的负担减去其利益,这将是正确的基准。但是,正如我们所了解的,政府实际上并没有对任何人施加净牺牲——假设我们正在谈论的政府不是奴役、谋杀或迫害部分人口,所以每个人在有政府的情况下,税后

---

[27]　参见 Mill (1871), bk. 5, chap. 2。

都比在无政府的情况下更富裕。相对于无政府世界的贫穷水平而言,均等净牺牲显然不是所设想的税收公平所倡导的均等牺牲原则。其想法是,公平的税收将抽取税前收入基准所衡量的均等牺牲,而这些收入只有在有政府的情况下才有可能。

我们对这种做法的主要反对意见是,它将税收负担的公平视为与政府开支模式的公平分离——这是我们之前提到的缺乏远见问题。这就是"把税收征收看作是一个普遍的灾难,就好像税收一旦收上来就被扔进海里一样"。[28] 事实上,征收税收是为了达到目的,而其征收的适当公平标准则必须考虑到该目的。重要的不在于税收本身是否被认为是公平的,而在于政府对其纳税人、税收支出及税收的整体治理是否合理。

一般来说,税收并不像刑事罚金,它可能被理解为超过其货币成本而征收的象征性或道义上的费用。依此理解,刑事罚金的征收应该考虑其本身的公平性,因为即使容易"负担得起",或者以财政方式,通过国家转移的资金予以抵消,不当的罚金也会使人受到伤害或损害。的确,某些可能的税收做法本质上是不公正的,因为它们具有歧视性的目的或作用;现金转移不能充分补偿这种税收不公平的受害者。但是,我们在第八章所讨论的例外情况不能被视为代表我们的主题;就纯粹的经济影响而言,税收正义是一个必须作为社会正义一般主体的一部分来考虑的问题。

既然税收不是一个完全独立的司法领域,那么就不能自信地宣称,国家应该从每个人那里抽取税前收入所衡量的均等税收牺牲,同时仍然不能理解公正支出政策的问题。正如庇古(Pigou)五十多年前所写的,人民的经济福利取决于整个法律制度,包括财产法、合同法和遗产法,而不仅仅是税法。认为有关税收的法律应该平等地影响不同人的满意度,同时允许其他法律制度对他们的影响是非常不平等的,这看起来似乎有点恣意武断。[29]

然而,均等牺牲原则不能像利益原则一样快速被拒绝,因为它与后者不同,如果嵌入到更广泛的正义理论中,即拒绝所有政府支出或税收来改变市

---

[28]　参见 Simons (1938), 17。

[29]　Pigou (1947), 44.

场产生的福利分配,这是有道理的。这样一种自由主义的正义理论,通常是基于某些赏罚功过的概念来衡量一个人的劳动回报,或者是基于严格道义上的权利来衡量税前市场结果,限制了国家在保护这些权利和其他权利方面的作用,也许还会限制一些无争议公共物品的供应。如果(而且只要)这是我们接受的公平分配理论,那么均等牺牲原则才是有道理的。

这是有道理的,因为这种理论将政府服务限制在那些只有通过国家行动才能实现的方式来确保所有人权利的服务上。因此,为让每个人都受益的这些最低限度的服务进行支付,自然就被理解为共同负担成本分配的问题。

在这种观点下,政府不应该从事改变福利分配的事务,但必须对其服务(警察、道路、金融监管等)进行支付。负担应该如何分配?均等牺牲原则似乎能够为自由主义者提供公平税收这一问题的自然解决方案——如果我们假设市场所产生的福利分配是公正的,那么按实质(而不是货币)计算,比每个人所贡献的相同数额更公平的是什么?

正如我们所看到的,从这个角度来看,利益原则欠缺合理性。通过评估每个人从政府存在中获得的总利益的相同比例,从经济境况良好者那里抽取的实际费用更多,从而改变了自由市场推定的公正分配。而人头税几乎不能被视为公平的方式来为对每个人征税的政府提供资金,不管他们的意愿如何,因为它对一些人的伤害比对另一些人更多,并且确实伤害了更多更贫穷的人。因此,均等牺牲原则——以不同的方式对人们进行征税,使每个人都享有相同比例、按实质计算的共同负担——有一些需要认真对待的初始权利诉求,因为存在可以嵌入的正义理论。

然而,重要的是要强调,这种做法不能推广到其他正义理论。作为公民共同负担的份额承担来单独处理税收正义,这取决于自由主义者的假设,即在公共支出或提供政府服务方面没有类似的分配公平问题。若否定这个假设,作为"共同灾难"的税收待遇则没有进一步的应用。

一种无反思的自由主义形式对税收政策的讨论产生了阴影,我们稍后会讨论这种形式所产生的严重破坏性。现在,我们注意到,很少有人自觉地致力于自由主义的正义论。几乎没有人真的认为市场结果是公正的,社会正义不要求政府向没有获得食物、住所或医疗保健的贫困人士提供福利支持。因此,虽然在过去 150 年中,已经对均等牺牲原则进行了广泛的宣传,但它所依赖的正义理论尚不存在。

第一原则层面上的不一致,通常在具体的税收改革计划层面就不存在了。当达到这个阶段时,均等牺牲原则实际上始终会被放弃,没有人会提出不规定实质的个人豁免或免税收入水平的税收方案。而且,几乎每个人都支持那些真正无法为自己提供的某种程度上的转移支付。然而,第一原则层面上的不一致具有重大的政治后果,我们将在第七部分进行详细的讨论。

与此同时,我们必须回顾一下一般观念的解释,即应该根据支付能力征收税款——这种解释缺乏均等牺牲原则的根本含义。

六、作为平等主义观念的支付能力

正如迄今为止所理解的,均等牺牲原则要求税收对每个纳税人实行相同的实质福利损失。在税收政策文献中,这有时被称为均等绝对牺牲原则,以便将其与另外两项原则作对比,即均等比例牺牲原则和均等边际牺牲原则。[30] 将这三项原则陈述为均等牺牲共同基本观念的解释具有误导性,因为后两项原则其实与公平税收制度对每个人应该都施加相同牺牲的观念无关;相反,对它们最好的精确理解是否定这个观念及其根本含义。

我们不需要在这里讨论均等边际牺牲原则,因为它实质上代表了一种功利主义做法,与税收负担的公平分配无关。[31] 相比之下,均等比例牺牲原则在当前背景下是重要的,因为它表达了支付能力观念的一种平等主义解释。即使这个原则很少被明确地引用,但它也是一种非常普遍的、考虑税收公平的方法。

均等比例牺牲原则规定,个人承担的税负应与他们的福利水平成比例。[32] 这就意味着,一个人的经济状况越好,其通过税收强征的实际牺牲

---

[30] 参见 Musgrave and Musgrave (1989),228-231。

[31] Edgeworth (1897).

[32] 如我们在本章脚注[16]所指出的,这等同于对利益原则的另一种解释。

就越大。在这一税收模式中,唯一平等的方面是每个人损失的福利比例。毫无疑问,相等的比例不是相等的金额;如果所有人放弃这一相同比例,按照实质计算,那么经济情况好的人们放弃的更多(但留下的也更多)。因此,在"等比例牺牲原则"中,词语"等"是多余的——"比例牺牲"诠释了相同的概念。

正如我们在前一部分开头指出的,有人理解支付能力的概念不仅仅是根据货币的边际效用递减,而是作为政治主张,即按照实质计算,经济状况好的人比贫穷的人能够承担更多牺牲,因为他们在牺牲后留下的更多。对支付能力概念的这一解释,为比例牺牲原则所需要,但与均等牺牲原则却大相径庭。经济状况好的人能够负担更多的实际牺牲,这一主张等同于把税收作为市场结果再分配的正当方式,即对贫穷的人有利,费用由富人承担。因此,比例牺牲原则抛弃了自由主义的正义理论,而这一正义理论却是均等牺牲原则的固有成因。

由于比例牺牲原则的基本思想仅仅就是按照实质计算,公平的税收从经济状况好的人索取更多,因此在绝对比例性准则中,没有任何神秘之处。[33] 这一普遍概念导致了更为强烈的平等主义观点。随着福利的不断提高,税金应按照不断提高的实际牺牲比例征收。这提出了税收正义的柔性思维方法,对人们很有吸引力。税收公平对富人强加更大实际负担,但是负担的准确增长率是一个问题,需要通过基于直觉的政治判断来解决。这一观点——我们可以称其为"渐增牺牲原则"——无疑为许多平等主义倾向的人所持有,使得他们支持累进税制方案。

然而,这一方式也存在根本瑕疵。如果市场产生的分配推定是不公平的,那么分配正义的正确标准就不会涉及这次分配,更不会作为基线。分配正义不是把一些看似公平的功能应用到在道德上变化无常的初次福利分配中。尽管有人确有此意,但税收方案正义性的评估,不能仅仅通过检查平均税率是否随着收入的增长而增长得足够快。此外,如前文所述,如果我们否定市场产生的福利分配是正义的这一假设,那么除了政府中广泛的正义原

---

〔33〕 参见 Musgrave (1959),98 and Edgeworth (1897),129–130。

则,我们无法再为税收的公平性提供其他原则。如果市场产生的分配推定是不正义的,那么政府需要采取全面的税收和支出政策,最大程度地满足正义的正确标准;坚持税收政策本身是公平的,却忽略了支出的公平性,这是毫无意义的。

我们可以从第五、六部分中得出两个结论:(1)如果符合支付能力的税收概念通过均等牺牲原则而具体化,那么其依据的是激进观点,即市场产生的福利分配推定是正义的。(2)相反地,如果符合支付能力的税收概念意味着偏离市场收益的再分配是正义所需,那么除了政府支出的正义性之外,税收纵向公平的目的已经被抛弃了。公平的政府应有什么样的分配目标?当我们转向这一问题时,"支付能力"的模糊概念不会对我们有任何帮助。

七、日常自由至上主义问题(Everyday Libertarianism)

前文中,我们已经提到了均等牺牲原则依据市场产生的福利分配是公平的这一推定。反过来,这一推定意味着,正义不需要政府来缓和,哪怕是市场产生的最严重不公平,也不需要政府向缺少食物、住所、医疗卫生的人们提供最低生活保障或购买这些东西的方法。

在分配正义上,几乎没有人持有这一极端观点,但是在这种观点的基础上存在着一种较为温和的观点,在很大程度上影响着人们对税收政策的日常思考。即使人们相信均等牺牲原则在其含义上是不够平等的,也可能坚持认为,税收正义的关键在于保障牺牲的公平分配,从而与市场结果基线形成对比。税收政策的这一思考方式与人们实际对分配正义的认识(更不用说人们对分配正义最可能的认识)之间存在不协调,这种不协调不只是一种无害的知识混乱。不幸的是,这种不协调具有重要的政治意义。

让我们仔细分析一下均等牺牲原则下的分配正义的市场导向观点。(这里提出的问题将在下一章节进行深入讨论。)自由主义观点存在多种多样的形式,但是针对当前目的最为重要的两种方式为基于权利(rightbased)和基于赏罚(desert-based)。[34] 前者诉诸对绝对道德产权的承诺,认为每个人对财产积累都有不可侵犯的道德权利,而财产积累真正源自于自由交换。

基于权利的自由主义(以其纯粹形式或绝对形式)税收政策之含义为,强制税收是不合法的;如果存在政府,那么其资金的募集必须通过自愿的合同协议形式。[35] 根据自由主义这一极端观点,我们永远不会涉及强制税负的公平分配问题,这是因为所有的税负都是不合理的。然而,如前一部分所解释,存在一种并非如此极端的自由主义主张,其认可强制税收来为政府提供资金,而政府允许市场运作,也认为平等分配税负是正当的。[36]

但是,根据自由主义基于赏罚的形式,市场按照人们对他人的贡献与价值,给予他们应得的报酬。这一观点意味着,基于市场的分配推定是公平的,对于强制税收没有任何异议——如果税负是平等分配的。

基于赏罚的正义理论在第三章和第五章中讨论,这里我们仅说明一点。赏罚的概念蕴含责任;对于我们没有承担责任的产出,我们不应得到它们。因此,市场结果是由遗传、医疗或社会运气决定的(包括继承)。在这个意义上,市场结果不管怎样,在道德上不是任何人所应得的。由于所有人都承认,这些种类的运气至少部分决定了一个人在资本主义经济中的结局,因此简单、绝对的基于赏罚的自由主义几乎无人秉持。

这两种形式的自由主义都有令人难以置信的激烈后果。但是,这一税收正义方式仍有一个基本问题——概念问题。目前,我们使用自由主义来理解均等牺牲原则,基于下列假设:只要政府不实施再分配支出政策,则税前的资源分配就可以作为自由市场产生的分配。但在实际中,这是非常不合逻辑的。

只要有市场,就有政府;只要有政府,就有税收;市场类型取决于政府制

---

[34] 针对我们所未提及的其他自由主义的各种主张,相关精彩评述及简明批判可参见 Kymlicka (1990), chap. 4。

[35] 这一结论正是诺齐克明确主张的。参见 Nozick (1974), 110 – 113, 169 – 172, 265 – 268。

[36] 观点见 Epstein (1985 and 1987)。

定的法律及作出的政策决策。如果税收支撑的法律系统缺失，那么就没有货币、银行、公司、证券市场所、专利与现代市场经济——没有这些制度，几乎所有当代形式的收入和财富也就不存在了。

因此，人们对于所有的税前收入应拥有全部权利，这在逻辑上是不可能的。在一个正当税收支撑的正当体系下，人们拥有权利的全部收入为税后留给他们的部分——这表明，我们无法通过参照税前收入来评估税收的正当性。因此，我们必须通过参照产生税收的政治、经济体系的正当性来评价税后收入的正当性。这里的体系包括成为该体系基本部分的税收。税收与财产权的逻辑优先顺序，恰好与自由主义假设的顺序相反。

从实际税前收入基线转移到假设的无政府市场领域中的收入基线，这一问题无法避免。不存在自然或完美的市场。市场体系有很多不同类型，它们同等自由，市场体系类型的选择取决于一系列独立的政策判断。

繁荣的资本主义经济不仅需要刑法、合同法、公司法、物权法和侵权行为法的实施。（这些法律不是天生的，而是包括有限责任、破产、协议的可执行性、合同与侵权赔偿的不断演化及争议）。此外，多数经济学家认为，资本主义经济的最低要求为反托拉斯立法的制度，以促进竞争，控制利率与货币供应量，从而刺激或减缓经济增长及控制通货膨胀。另外，还有其他问题，如运输政策、电视广播管理与政府缓和所谓市场负外部性的方式和环境恶化。

热衷市场者认为，政府的所有这些职能是理所当然的。牺牲论在这里的问题在于，政府在履行职能中作出的决定影响市场收益。炼铁厂利润的多少取决于现行环境法制度。一个人在债券市场的财富依赖于受政府影响的利率浮动。其结果是这样的，即使赤贫者自谋生路，也不能说税前收入仅仅是市场的结果。相反，它们是根据一系列特定政府政策管理的市场产生的收益。

如果不借助于大量超越竞争性市场概念的社会价值观，我们就无法对这些问题作出选择。因此，把在政治上保持中立的市场领域作为课税牺牲论所需要的基线，这一想法是空想。任何税前分配——真实或虚构——已经部分为政治道德判断所塑造；如果不评价这些判断，就不可能解决税收公平性问题。

总而言之,凭借把税前产出作为基线,而税负分配的公平性可以据此进行评估,这种想法难以成立,任何人想通过这种方式来思考税收正义,都只会陷入困惑。答案在于,具有巨大吸引力的所谓的日常自由至上主义。尽管这两种观点,即绝对的、无条件的道德财产权与市场奖励中的赏罚,可能经不起批判性反思,但它们仍很难从我们日常思维中摒除。在这两种情况下,本身具有局限的概念超过了它们适用的范畴,而这些概念的不当延伸支撑着人们的错觉。

首先考虑税前收入中道德财产权的观点。我们都知道,人们对于他们的净(税后)收入拥有完全法律权利;除了合同或家庭义务,他们的财富合法为他们所有,可以按照他们的意愿进行处置。对净收入的合法财产权明显不是对全部收入的完全道德财产权(更不用说税前市场收益),但在日常生活中,人们对于法律权利有强烈意识,很难阻止这是一种更为根本性的权利。

从这一点来看,不仅仅在于政府实现实际和经济意义来保护我们当前的合法权利;甚至也不在于政府曾经创造了这些法律权利,政府现在需要在道德上保护这些权利产生的合法预期。在资本主义经济生活和工作的层面上,人们对净收入的权利意识比之更甚,即我们倾向于认为,我们所赚得的收入无条件归我们所有,人们强烈相信,财富发生的一切在道德上完全由我们自己决定。尽管每个人都知道,即使我们花费我们口袋里的钱,我们的权利仍然受到限制,如有义务支付合适的销售税,但对绝对所有权的直观感觉仍有相当大的稳固性。

如果人们在直觉上感觉到,他们在绝对意义上、在道德上对他们的净收入拥有权利,那么这也无需惊讶,政客们成功地把税收(减少净收入)增加描述为从人民那里取走属于他们的东西。然后,一步之遥就是,让人们以为减税是向我们归还"我们自己的钱"[*],实际上所有的税收都是取自属于我们的收入;我们在根本上有权利的收入是税前收入。

---

[*]　如乔治·W.布什在谈及联邦预算盈余时所说的:"盈余不属于政府,它属于人民。"

　　当然了，仅仅因为税收取自属于我们的收入，而没有经过我们的同意，几乎没有人据此相信所有的税收都是不正当的。如前文所述，日常自由至上主义是自由主义的温和或模糊变形。然而，模糊概念，即净收入是政府在取走实际上属于我们的部分收入后留给我们的收入，帮助解释了人们的信念，即物质福利的税前分配推定是正义的。（给予人们在道德上属于他们的收入，这一分配如何不正义？）因此，税收中的正义问题恰是判断什么是牺牲公平分配的问题（从基线上进行评估）。

　　我们可以对另一个重要影响形式，即赏罚概念，进行更为简单的评述。市场收益在特定范围内受一个人努力程度与冒险意愿的影响。因此，经济状况好、工作努力的人说他们不应该比懒惰、缺乏冒险精神的人得到更多，这是很荒谬的。或许，由于人们对不公正伤害比不公正受益更为关心，他们可以轻而易举地忽略掉这一事实，即有助于他们取得经济上成功的其他因素绝不是他们的责任，因此可以说这些因素产生的优势不是他们应得的。人们因节约和勤勉而受到奖励这一自然观念，已经慢慢变成了范围更大的概念，所有税前收入都可以看作是对这些美德的奖励。这里也一样，规范性概念的适用超出了其合理存在的范畴。

　　对于我们在市场中赚得的收入，我们在道德上有绝对权利及更高的市场收益，在某种程度上是作为奖励为人们所应得，这两种轻率得出的观点自然地出现在资本主义经济参与者的惯常观点中。市场产生的福利分配在本质上是公平的，几乎没有人坚信这一观点——几乎所有人认可需要对赤贫者提供某种公共援助，即使是最激进的反平等主义政客，也赞成对赤贫者实施有重大个人免税额的纳税方案。尽管如此，日常自由至上主义仍有歪曲的影响，对于自由主义观点的例外情况，倾向于当作慈善姿态，没有挑战分配正义的基本方式。通过把举证责任归因于背离市场结果，日常自由至上主义歪曲了关于税收政策与分配正义的公共讨论。

　　税收政策分析需要摆脱日常自由至上主义；日常自由至上主义是一种假设，未经检验，通常也模糊不清，其经不起推究，应为财产权概念所取代。财产权概念依赖于对它们进行规定的法律体系。由于这一体系包含税收，并把它作为至关重要的一部分，因此个人税前收入（若没有税收维持的政府,则没有这种收入)的初步财产权概念是毫无意义的。除了作为簿记数字,我们起初"拥有"的税前收入是不真实的,政府必定公平地从我们征收税金。问题不在于这里没有公平问题——正义对财产权设计极为重要——而只在于这种强加征税的方式是错误的。

税收系统很是复杂,不像评价部门成员为同事买结婚礼物那么简单。财产持有已经推定为是正当的,这不是对这些财产持有分配的侵犯,而是在复杂的情况中创造一系列的财产持有,这些财产持有的合法性只有通过评估包括税收在内的整个体系的正义性才能进行评估。在这样的背景下,人们当然对于通过工作、投资、赠予等通常方法实现的收入具有正当要求——但税收体系是背景的基本组成部分。通过这一背景,人们在雇佣合同与其他经济交易中(而不是后来出现的影响事物)产生了正当预期。

对于什么样的财产制度是正确的这一问题,目前没有默认答案——推定正义的分配方式不存在,其偏差也需要特别证明。市场有许多优点,但是市场并没有免除我们的任务,我们仍然需要接受税收政策、分配正义理论中的实际价值问题。对于分配正义的一系列问题,没有明显答案,我们将在下一章节中论述;但有一点我们必须清楚,这些都是税收理论必须面对的问题。

八、横向公平(Horizontal Equity)

鉴于"纵向公平"涉及规范问题,"横向公平"则陈述了规范结论,即拥有相同收入的人(或其他相关经济计量)应支付相同金额的赋税。但是,纳税公平的这两个维度并非完全不同。横向公平仅仅是对纵向公平问题所有传统回答的逻辑蕴含。如果纳税正义性能通过一个标准完全实现,该标准能够指导政府按照特定税率向各个收入阶层课税,那么结果就很简单,即拥有相同税前收入的人应按照相同的税率缴税。

税收理论研究人员如此重视横向公平问题的原因在于,在大多数现实税制中,存在很多明显违反同等收入缴纳相同税金规范的情况,而且还有许多违反情况的可能存在,但不明显,需要设法发现。这一研究中的中心问题在于,一旦考虑到纳税负担问题,对横向公平的明显违反是否表现为对公平的真实违反。

举一个标准例子,美国国家和地方债券的税收优惠并不违反横向公平,这是因为债券市场通过抬高免税债券的价格已进行调整。因此,在债券缴税购买者层面上不存在不公平(但是存在另一个问题,即为什么国家与地方政府可以获取税法的这一经济收益)。[37] 但在其他明显违反横向公平的事例中,税收负担问题很难确定。

学术界对于横向公平关注的深层次原因在于,横向公平程度的适当衡量方式在经济学中是一个争议性问题。正如阿兰·奥尔巴赫(Alan Auerbach)与凯文·哈塞特(Kevin Hassett)写道:"从马斯格雷夫(Musgrave)……起,人们普遍同意横向公平是很重要的,但是很少人就什么是横向公平达成一致。"[38]

但是,如我们前文所述,纵向公平的传统标准是正确的,其与横向公平的传统关联也存在一个根本缺陷。因为在前文中,我们已经明确论证了税收正义无法通过一个指导政府在特定税率向特定收入课税的标准(依据牺牲或受益原则)而完全实现。税收正义必定是社会正义整体理论的一部分,也是政府正当目标的一部分。因此,拥有相同税前收入或相同福利水平的人必须支付相同的税金,这一总括性的规则是不存在的。[39] 这一规则的强劲吸引力似乎也是因为日常自由至上主义;如果我们假设税前分配提供了纳税的道德基线,那么人们很自然地就会想到,拥有相同收入或福利水平的人却不支付相同的税额,这是不公平的。

一旦我们抛弃税前范围道德意义的推定,我们就会发现,根据我们的整体正义理论,拥有相同收入的人可能受到差别对待。如果鼓励居者有其屋是一个正当的社会目标,如通过免除来自所有人占有房屋的所得税和减除按揭利息支付,而且这一实践是合乎分配正义的(两个前提均为争议性前提),那么购买人和承租人的不公平对待不会引起深层次的正义

---

[37] 参见 Slemrod and Bakija (2000),195 - 196。

[38] Auerbach and Hassett (1999),1;索引见 Musgrave (1959)。

[39] 参见 Kaplow (1989 and forthcoming)。

问题。

　　但这不是说，在税收政策中，任何事情都可行。尽管纳税人区别对待的一些形式服务于其他正当目的，但是仍被人们视作不公平。在这一点上，人们可以想到一些常见范畴，如种族、性别、性取向和宗教。但是，通过税收系统禁止不公平的歧视，不等于全面禁止收入相同的人之间纳税的不同。我们对纳税歧视问题将在第八章中详细讨论。

第三章　政治理论中的经济正义

一、政治正当性(Political Legitimacy)

本章将描述道德与政治理论中,与税收政策评价直接相关的问题。本章涉及当代人们对正义性的观点、对政治和社会机构批评的调查研究。

在本部分和下一部分中,我们引入一些概念,为道德评估提供总体框架。第三部分与第四部分区分了政府使用税金帮助公民的两种重要方式。第五、六与七部分论述分配正义问题,涉及个人利益冲突时,成本与收益该如何分配这一问题的不同答案,以及正义与公平和不公平的关系。第八部分与第九部分阐述了自由价值观和个人责任在特定社会与经济体系中具体化的方式。第十、十一部分讨论了对市场经济的不同态度;第十二部分论及政治价值观与个人经济动机能否结合,以维持道德上协调的社会秩序。

整个论述框架是通过国家制度来研究个人与集体的关系问题,以判断这一关系是否恰当。[*]一个国家在

---

〔*〕　此外,也存在一个国际政治理论领域,涉及全球正义概念,甚至国际税收,但是我们不讨论这些问题。按照目前的情况,征税是民族国家的问题,也是它们的组成部分,但政治的发展及对正义的考量将最终导致超国家结构的发展,而超国家结构有权对个人课税。例如,欧洲共同体,其资金来源为各成员国的出资,而不是直接对它们的公民课税。

其领土范围内拥有近乎垄断的权力,有权强制个人遵守由特定集体选择程序(非一致全体同意)作出的决定。这一权力使用的正当目的是什么? 又或者,这一权力对个人正当权利行使的限制是什么?

这些问题关乎我们对我们的公民同胞亏欠什么,以及在不受国家权力影响的情况下,即便在我们成为国家成员并在某些方面受到国家管理的时候,我们应保持什么样的自我主权。这些问题界定了政治正当性问题。那么,政府的正当目的是什么? 政府实现这些目的,特别是涉及税收权力,政府的正当手段是什么?

有必要记住的是,在考虑这些问题时,政府不应仅仅是规制人们的生活。通过提供制度条件(没有制度条件,现代文明与经济活动就不存在),政府在实质上负责人们各种生活的类型。因此,政治正当性问题应用于这一框架本身,应用到选择上,应用到人们生活上,以及在框架内应用到政府对个人行为的控制上。

这意味着,当我们问及,通过积极帮助或相互制约,我们应给予我们的公民同胞什么时,这不能理解为我们作为先于政治的人,会把国家作为工具来履行我们的人际义务。现状是我们开始于作为现存社会的成员——文明与生活组成的生命(没有社会,文明与生活是不可想象的)——而我们的任务是确定这一社会结构的设计与管理应遵守什么样的规范,考虑到这是从我们的同胞成员应得的,以及我们相互之间有权得到的自由。

税收是这一结构的一部分,但它们的评价不仅需要按照国家对个人的合法要求,还要按照税收对人们所生活的框架的贡献。最后,政治正当性问题就是我们在道德上可以接受在其中生活的框架的类型问题,对此诸如自由、责任、公平、效率、福利等价值必须也予以考量。

二、结果论与义务论

这两个争论、两种规范性理论间存在一个基本分界线——关注结果的人通常被称为"结果论者",而关注行为的人通常被称为"义务论者"(来自希腊语词汇,意为"应该")。结果论认为,评价一项政策或制度的最终标准在于其全部结果的价值——对于所有受影响的人,效益减去成本。义务论认为,还存在其他标准,不依赖于全部结果,也可以判定政府如何对待人民。这些标准确定了个人权利、公平或平等对待的要求、禁止武断歧视等,规定了什么该做、什么不该做,并且这些都独立于后果。在每一种范畴内,都存在进一步的演变和分歧,并且也存在把这两种理论要素结合在一起的理论。但是,这一粗略划分区分了对最终正当性本质的态度,仍是很重要的一项区分。

由于这是在理论层面的分歧,因此不会必然导致政策层面的分歧。结果论者与义务论者在解释为什么谋杀违反法律时都没有困难。结果论者可以说,安全方面的效益非常值得在法律执行方面进行投入,而义务论者可以说,国家权力的正当应用是为了保护个人的生存权不受侵害。

实际上,结果论通常接受权利的存在,但是其拒绝承认权利在道德上是根本性的。相反,结果论者认为,权利必须通过体系(该体系承认权利)的整体效益来证明是正确的。而在这一点上,义务论者认为,权利与这类其他要求是根本性的,源自更为根本的东西,只要它们可以被证明是必然正确的,它们就是有效的。

我们可以通过研究财产权的两种解释的差异性来说明这一点——与税收政策直接相关的道德范畴。所有理论都承认财产权的正当性,承认由正义的社会对财产权进行界定和保护的重要性,但极端空想道德和社会理论除外。而源自洛克传统思想的义务论认为,财产权部分由我们自身之上的个人主权决定,个人主权包括自由行使能力与努力的基本权利、为互惠互利目的与他人自由合作的权利,以及自由处置我们合法所有的权利。[1] 从这一点上来看,财产权在本质上通过个人自由权利形成,不需要结果论的证明。

另一方面,结果论源自休谟的传统学说,认为财产权需要通过一系列保护财产安全性的约定与法律(相当严格)的大范围社会效用来证明。[2] 只

---

[1] 参见 Locke (1690), chap. 5。此观点的现代阐释,见 Nozick (1974)。

[2] 参见 Hume (1739), bk. Ⅲ, pt. Ⅱ。

有在社会中,权利得到承认,盗窃受到禁止,合同与遗嘱得到履行,才能有经济合作、长期规划与资本积累,从而才能实现经济增长与繁荣。如果没有财产权制度,我们会处于霍布斯的自然状态,而不是处在一个有先进文化、先进技术的社会中。按照结果论方法,财产权替代制度的评价完全依赖于哪一种制度可以最大程度地发展公共福利或其他集体利益,而且把集体利益作为社会组织的目标。从这一点上来看,财产权在任何意义上都不是自然的,也不是先于制度、为个人固有的;相反,它是法律、规则、惯例的结果,旨在提升其他价值,如繁荣与安全预期。

既然税在本质上是基于产权限制而赋予国家控制公民经济生活产生的那部分资源的权力,那么如何看待税将深受一个人是秉持的义务论观点还是结果论观点的影响?本质上说,区别如下:义务论是这样一种推测,即存在某种形式的自然权利可以确定哪些是你的、我的,哪些不是;如果税收拨款是正当合理的,那么这一初步推测不得不被其他考虑推翻。相反,结果论认为,税收制度仅仅是产权的任何复杂的现代制度的一部分,并不存在一种初步推测可以推翻征税,因为并没有先入为主的观点认为哪些是"我"的财产。一切都符合惯例。任何制度不得不通过比较备选设计(涉及不同税种,甚至一些行业的公有制),完全通过参考不同设计促使理想的社会经济效益的效果来给予评价。

虽然义务论和结果论之间的区别可能会在接下来的讨论中变得有些模糊,但应该牢记,此区别是各种正当理由和批评间的粗略划分。此区别将在我们对政府行为的合法目的和追求那些目的的正当手段的讨论中显露。如果产权完全符合惯例,税仅是定义其界限的合法手段的一部分,那么这种税收政策形式将与产权在个人自由和不可侵犯方面有自然基础的情况下的税收形式截然不同。

我们还想提到第三种观点(它可以被描述为义务论),尽管它与洛克的观点大不相同。黑格尔理论认为,个人为了通过在外部事物中体现自己意志来表达自由,有权拥有有限数量的财产。这种产权观点比洛克理论更积极,洛克理论主要是否定性的,因为它在于排除对财产获取和使用之干扰的自由。

黑格尔的观点在当代政治辩论中不太突出,但是其理论精髓可能已经被一些结果论者吸收，他们支持将社会最低保障作为一项积极权利。无论如何，它看起来对我们都很重要，因为它发掘出了为获取个人自由必需的纯粹个人产权的基本核心，但并不支持反对国家干涉私有财产这样较广泛的一般性推测，这种推测通常来源于洛克的自然产权观点。黑格尔的观点认为，个人出于道德对私人财产裁量的范围，不会延伸至足以影响税收结构的一切。

我们自己的观点认为，财产权符合惯例，但他们的观点中仍留有余地可考虑其他更根本的权利和义务论价值观及结果论价值观。虽然保护某种形式的私人财产是人类自由必不可少的一部分，但产权制度的总体结构应极大地取决于其他理由。

三、公共产品

现在话题将转移到对政治体制正当性承受的价值范围进行更为系统性的检验上，我们不得不将讨论分为几个部分。首先，我们将目的和手段划分开来，并优先考虑目的。声称对该国合法且影响税收政策的目的可按照下面三个标题分类：公共产品、个人利益和分配正义。

公共产品争议最少，因为它们包括了政府为了维护社会文明必需考虑的最小条件——国内和平及安全、某种法律制度和对抗外国侵略。公共产品被定义为只能提供给每个人。如果一片区域控制了暴力犯罪、环境污染、火灾威胁或传染病，然后居住在这片区域的每个人就会自动获益，没有人被排除在外。如果一个人试着通过私人津贴支持这些物品，那么就没法排除免费使用者，他们无需付费就可以使用——至少没法将流窜犯除外。让每个人支付分享份额的一种明显方式就是强制征税。

提供公共产品作为目的，对政治合法性条件限制最小，因为我们无需假设作为公民应该对别人有多少关心，仅需假定我们就只需关心自己。每个人都会在维持这些理想情况中获得直接的个人利益，但不能享用它们，除非它们能被共享。因此，其背后的动机就是集体的自身利益最小化——以一个共同目的集合个人利益——尽管涉及分摊成本时，会产生各种争议。

关于什么东西应被包括在只能由国家提供的公共产品中,尚有争论的余地。除了严格意义上的公共产品(不会排除任何人)外,还有其他机构能明确授予公共利益,以便国家提供的产品会得到个人利益集体化动机的支持。道路、航空交通管制、邮政系统、根据技术现状对电视广播进行某种管制、确保教育能最大程度扫盲、维护公共卫生设施、可靠的私法体系——所有这些都是能通过对安全、经济和社会机构正常运转提供极大效应的体制条件的可行候选方案。一些人可能希望公共产品中包括预防赤贫来作为社会和平发展的条件。其他人可能会认为,保护野生生态/历史建筑或支持创造性艺术和博物馆应部分被视为公共产品,因为它们的存在能使该国的全体公民引以为豪。以上例子似乎将对特定个人(如拿补贴的音乐家和音乐会观众)的优势和公众利益(此处指一个国家文化的认同)结合了起来。

无论如何,如果一个人将一些集体财产加入到基本的防御核心和法律、秩序的维护中,成本就会相当大。这样就产生了更有争议的问题:所有公民都从公共产品中获益但资源不同,那些成本应如何在公民中分摊? 应当付诸一些努力作出与利益数量成比例的贡献吗? 或者应当与资源成比例? 或者对每个人都是相同的?

但是,这样提问太简单了,因为它假定提供公共产品前,资源已被提前分配,正如我们在第二章强调的,根本没有这样的事。真正的问题就是,通过比较不同体制下个人生活的不同结果(包括他们税后留下的资源),在可供选择的征税融资公共产品供应体制中选择一个。说成本分摊,仅是在采用一种简化且存在潜在误导的方式来谈论不同公共融资体制之间的比较。这里,我们将话题转移到手段(非目的)和分配公正作为目的上。

同时,人们还对决定社会应当想要多少这样公共产品的理由存在争议。既然这些公共产品已通过税收将国民生产总值中的一部分以从私人手中转移的方式被支付,那么就需要某种方法来评价资源被利用的不同方式。美元任凭私人使用,还是用于改进公路系统或超音速轰炸机? 我们将在第四章再次讨论这个问题。

四、个人利益

接下来的话题就是旨在使个人获益的国家行为,不是通过将公共产品立刻提供给每个人,而是将某些利益因人而异地提供给个人。那些利益可以提供给每个人,但和公共物品一样,那并不是它们具备优势的条件。

明显包括在这一分类的是社会服务,如失业补偿金、伤残津贴、退休金、儿童保健支持、医疗保健、抚养未成年子女补助、食品救济券、免费入学等。还包括多种教育支持,如公立大学、国家助学贷款、公共资助的奖学金、对私立机构直接和间接的财政支持(如通过减税)。

最直接的就是,一些人能获得每个人税收支持益处的同时,能通过税收体制中的税收优惠获益。采取这种优势的一种形式是给低于某个特定水平的收入免税,另一种形式是从某项支出或收入的税基中抵扣或者减除。还有一种形式是某类支出的抵税额或采取类似所得收入税收减免的措施,这相当于对低收入者征收负所得税。当然,税率结构自身的差别也有较大影响。所有这些措施都会留给一些人比他们在税收分配不同时本应获得的资源更多的资源用于私人处置,而其他人则更少。

但是,如果我们就政府政策对个人福利的影响感兴趣的话,那么无论通过公共提供还是税收减免,直接提供利益都只是该故事的一部分。人们在各类方法中获益和利益受损,这些方法不是政府行为的直接结果,但可能仍受政府政策影响:财政政策对私人雇佣、生产力、经济增长、存款储蓄、投资,进而对每个人生活标准的影响,在考虑个人福利和政府直接行为方面都是同等重要的。

这意味着,必须从道德角度出发,采用不区分直接益处和间接益处的方式进行广泛的考虑。此刻,有关政府的目的是否恰当的规范性问题就是,它们包括了提高人们整体福利还是某些方面福利,以及免除个人不幸。政府政策(作为它们基本原理的一部分)应被设计成以扶贫、治愈疾病、提高平均或最低生活标准、延长人们寿命和使人民生活更加快乐为目的吗? 或者人们可以推测这些目的都是为了他们自己,但是不能将其看作是集体责任,特别是不应通过政府强制措施来强迫一些公民通过税收为其他人的福利作贡献（或更中立地讲，留给一些公民更少的税后资源，以使其他人可能更富裕）吗？

我们在这里看到了与国家提供公共物品的基本原理（使每个人获益，每个人因此都获得了直接的个人利益）形成的对比。将国家作为追求个人利益集体化工具的观点认为，在其目的中必须包括：提供那些私人无需支付但仍有成本价值的公共物品。这一国家观点出自霍布斯，他认为主权将与我们有关的条件强加给他人（如产权规则）是正当合理的，这样做出于对每个人的利益考虑，能确保每个人可能遵守但不会维护，除非它被强制执行，因为个人遵守这些规则无法满足个人利益。

相反，采用公共福利呼吁的事情不仅是每个人自身的利益。如果通过国家机构，我们就会认为自己考虑的是每个人的利益而非自身利益，这样做的理由必须为：对于他人福利是好事，至少在政治环境的背景下，我们有理由关心。

这样就引出了进一步的话题，即采用何种正确的方式能解释个人（每个人受到特定政策的影响可能不同）利益集体化的福利或利益的概念。

五、效率和功利主义

有关个人集体化利益最平和的观点就是帕累托最优，通常也被称作帕累托效率。它是指假定固有的一群人和可分配的资源，从一种分配状态 B 到另一种状态 A 的变化中，在没有使任何人境况变坏的前提下，使得至少一个人境况变得更好。明确地讲，没有人会拒绝从状态 B 移到状态 A，除非出于公平的理由（"为何不是我"）。帕累托优化是一种公共福利的优化。如果没有办法移到一种比帕累托更优化的状态——没有办法使任何人变得更好而使其他人变得更糟，那么 A 状态就是帕累托最优或帕累托效率。

但问题是，此观点对于评价政府政策用处不大。当然，不效率是需要被避免的状态；但在真实生活中，针对任何两种为个人付诸努力可作对比的政策来说，每个政策都会对一些人更好，对其他人更糟。帕累托效率并没有比其他观点更具优势。与没有孩子的家庭比较,一项慷慨的儿童保健政策会对有儿童的家庭有益;政策不同,结果可能相反;税法上出现的任何变化都将会对一些人有益,而对其他人无益,等等。

如果效率是唯一的标准,那么在两种政策(两种都至少不会对每个人有益)之间无法选择。因此,道德和政治理论家通常都会采用公共福利这类更具内涵的观点,这类观点将把不同个人的利弊结合起来,然后评估整体结果,比较不同的替代方案。〔3〕这类观点是真正的社会公正理论,因为它们除了要求效率外,还会考虑对各成员生活的总体影响,然后设计出符合整体利益的社会制度。

此类中最简单、最出名的理论就是功利主义。〔4〕功利主义把个人的幸福或福利看作是道德评估的基础标准,通过从总体益处(用这些术语来衡量)中减去总体成本来评估结果。功利主义认为,一个人应当在设计政策和机构时努力将社会成员的总体幸福最大化。这是激进公正性的一项标准,就是说每个人的幸福都同等重要,我们作为与机构公正性利益相关的社会成员,应当关心他人的福利,就像关心自己的一样。

这并不意味着每次官方行动的目的都在于增加公众福利,因为一些对促进公众福利(诸如产权和法律制度)最有用的机构依赖于遵守某些规则,而不考虑各种情况下的公众福利。但是,终级标准(无论是正在评价的法案、法律、惯例还是政策)就是对人们幸福或福利的整体效果。因此,这是一种结果主义理论。

功利主义要求采用某种功利的措施,准许人们比较、添加和减去对不同人的影响——我们称之为度量,正如其看上去的意义,度量判定对个人什么是好,什么是坏,以及好坏的程度。实际上,不仅功利主义,所有带有结果主义元素的政治理论(部分通过它们对个人的好坏影响来评价政策和机构)都要求某种度量标准,能够用来比较不同政策的结果。人们需要统一标准来对一个人的好坏进行合计,以便能够比较对不同品味和价值观的个人产生

---

〔3〕 很多经济学家仍坚持认为,人与人之间的福利比较是"无意义的",或者至少是不可能进行的。参见 Slemrod and Bakija (2000), 56。

〔4〕 经典功利主义在哲学上最细微深入的描述是西奇威克(Sidgwick, 1907)。

最大程度的社会影响。

　　对度量的选择存在争议。这是一种规范化的争议或道德争议,因为这是当我们正在决定政府应当采用何种集体化政策时,关于个人的生活应当考虑什么的问题。一个问题是度量标准是否应有主观根据,诸如对每个人的欲望和偏好是满意还是沮丧,不管他们是谁,或者它是否应当有客观根据,比方说列出熟悉事物的好坏两面,如健康和疾病、长寿和短命、富有和贫穷、有学识和无知、友谊和孤独等。如果无法定义它,那么我们就接受能使公众福利最大化的社会目标,然后这些衡量的争议对应用功利标准很重要。

　　但更为普遍的情况是,度量标准的选择对任何结果主义理论(甚至是部分结果主义)都是一个重要的问题,它要求我们比较不同结果的价值。在政治理论和财政政策目的合法的背景下,度量标准将确定促进社会进步所依靠的利益和保护的种类。我们应当关心其他人的主观满意度,还是仅关心某些更基本或实在的利益? 应包括各种利益吗? 社会责任应该主要关注保护人们免于客观伤害和确保他们的基本需求吗?[5]

　　除了将体验幸福用作度量标准外,经典的功利主义通过两个显著而有争议的特点与其他正义论区分开来,即它接受集合而对分配漠不关心。集合就是出于功利评价结果的目的,将不同人生活的利弊进行合计而构成总体情况。尤其是对足够数量群体中的每个人给予的小恩惠组成的总效用就能超过大的负效用,从而导致少数个人作出了较大牺牲。对分配漠不关心意味着,功利主义仅通过参考总利益减去总成本来衡量结果,而不会偏好个人更平等的利益成本分布。功利主义会偏好更高的整体幸福感而不是更低,即使这样涉及的范围更广,一些人很幸福,另一些人很悲惨,而更低的整体幸福感则是每个人都降至更加中等程度的结果。

　　这些特征导致批评者拒绝认为功利主义并没有严肃看待人与人之间的差别。[6] 反对的意见是,尽管总体幸福的集合和最大化对于一个面对着独自生活期间是否应该作出牺牲来期待之后回报的人作出决策有意义,但那

〔5〕 参见 Wiggins (1985)。
〔6〕 参见 Rawls (1999b),19 - 26。

种背景下,用可接受牺牲换利益的做法,在对不同个人的生活进行利益权衡时却不被接受。社会选择的情形下也是如此。牺牲一个人来换取另一个人的利益,与牺牲目前的舒适来换取未来光明的前景,是完全不同的。

这些疑惑已导致不同理论的产生,这些理论在评估和比较社会经济体制的过程中融入了分配的价值观。此类价值观通常在分配主观福利或客观资源时,对支持平等或至少对减少某些形式的不平等持有偏见。

六、分配正义、公平和穷人优先权(Priority to the Worst off)

这种手段最简单的形式就是采用纯粹的本位观,意味着改善穷人的福利程度大于富人。[7] 它可以与最大化总体利益(用这种新方法计算)的标准结合,从而暗示对富人的福利有足够大的改善或对富人中足够多的人的福利有所改善,有时能超越对穷人的福利改善产生的社会总体效果。

更彻底的平等主义观点在最坏的情况下将会优先改进。这是约翰·罗尔斯称为差异原则的立场,根据不同社会群体财富和生活水平的差异,只有在这个程度上才有道理,产生这些不平等的制度作为任何替代系统至少对贫穷团体的利益也是如此。[8] 与功利主义最大化原则相比较,这样一个标准也被称为最大值,代表着"使最小化最大化"。虽然差异原则可能会接受严重的不平等性,但它给予穷人条件的优先级独立于不同社会地位的人的相对数量。因此,它不会为富人聚合许多种优势,从而优于小部分穷人的劣势。这显然会有与相对较小的下层社会中的功利主义不同的政策含义。

虽然纯粹的优先观点表达了一种意思,即改善那些处于某种绝对意义上的穷人的状况则是更迫切或更重要的,罗尔斯的差异原则来源于另一种道德观,即某种公平理念。主要的考虑是,在构成社会基本结构的社会制度设计中,从出生到死亡,塑造了每个人的生命,某些不平等的来源在道德上

---

[7]　参见 Parfit (1991)。
[8]　尤见 Rawls (1999b), chap. 2。

是任意的——道德上的任意不平等不能在公正的社会秩序中得到接受，除非其是不可避免的，或者由某种非任意目的或宗旨能证明其具有合法性。所以，在罗尔斯看来，社会经济阶层的不平等，其合理的唯一条件是：在产生这些不平等的体系中，最低阶层也比任何其他阶层所得更优。

这种看法是，世袭阶级的结构始于生命的开始，从出生起就开始分配不平等的机会，没有人可以声称比任何人有更好的机会。背景假设是，一个理想的公平制度会给每个人相同的生活机会，而偏离这一理想必须有正当理由。仅仅允许将不平等的可能性分配到失败的地方是不公平的，除非有其他目的。

这种观点提出了一个难题，即社会秩序中哪些不平等原因（如果有的话）并非任意的？因此不需要改善？[9]罗尔斯暗示产生阶级分层的家庭和社会偏好结构使儿童生活的前景产生任意不平等。但他最有名和最有争议的观点是自然能力的差异——所谓的自然彩券的不平等——在造成收入差异的情况下具有道德上的任意效应。他认为，既然没人可以声称从出生时就能拥有其基因遗传，那么就不能证明非熟练工人和受过高度训练的专业人士在物质报酬上差异比例的合理性，这可能要归因于他们在基因遗传之间的差异。它只会让人们自由选择，作为非任意不平等的可能来源，而罗尔斯则怀疑是否存在一个可行的机构，可以检测人民的财富在多大程度上完全依赖于他们的选择。它反过来又促使他支持差异原则，要求消除所有不平等现象，只能在境况不可能变得更糟的情况下才能达到更大的平等。

那些不相信普遍关心全民福利应是政府某项宗旨的人，自然会反对这一立场，但是许多接受该宗旨的人也会觉得过于平等主义了。例如，功利主义者有很大的理由赞成一定程度的社会经济平等，最明显的是资源的边际效用不断下降，这意味着如果某人将富人的100美元给了穷人，对后者增加的福利将大大超过前者。然而，这个论点并不支持改进境况更差之人的状态，而不依赖于不同相关社会地位的人口数量。

每种理论方法都有其本质差异。功利主义者和其他最大化者有兴趣通

[9] 进一步的讨论，见 Nagel (1991)，chap. 10。

过适当措施来提高总体福利。他们认为,减少不平等现象是促进这一目的之手段,本身不是目的。相比之下,提倡公平的方法则关注社会成员之间相互作用的条件,以及决定他们生活前景的社会根源。他们相信一些社会经济不平等的原因在某种意义上是不公平的,与之相关的种族或性从属地位也并不公平。其潜在的观点也认为,减少经济不平等的努力是正义的要求,而不仅仅是一般福利的一部分,因此出于政府的目的,它应该优先考虑消除其他不公正现象,如种族、宗教或性别歧视。

七、机会平等

对公平的呼吁是一种道义上的,而非结果主义的论断。它可以采取罗尔斯给予它的其他形式,而不是差异原则。人们可能赞成提供体面的社会最低限度资助,而不会考虑优先改善这个水平以上的贫困。或者人们可以集中精力提供机会均等,其中包括一定的物质保障条件、医疗保健与社会中每个人的教育机会——同时,允许实际结果取决于人们对其机会的使用、能力的差异,以及影响回报大小的努力差异。

在这种框架下,我们认为是公平和不公平将取决于导致结果不平等的原因;从某种不好的意义上说,我们认为其在道德上是武断的,因此要尽可能地从正义社会中消除。社会秩序中最明显不能接受的不平等现象,就是刻意施加的种姓制度或其他明显的障碍;通过该制度或障碍,在政治、社会或经济生活中,某些种族、宗教或性范畴的成员被排除在合意地位之外。接下来会出现世袭阶级的阶层化,在这种情况下,由于父母和祖父母的成功或幸运,人们天生就有着不平等的人生前景和机会,而社会对此却没有任何修补机制。最后,即使社会付出很大的努力来熨平这种机会差异,如向所有人提供儿童抚养、保健和良好的公共教育,但是因为自然禀赋的差异,竞争性经济中仍然存在巨大的潜在不平等现象——获得劳动力市场需求旺盛的稀缺生产技能的能力。罗尔斯认为,这些经济不平等在表面上令人反感,是因为人们不能基于其基因特征,就此基于其种族、性别、父母的财富或贫穷而值得获取更多。

　　除了这些非常广泛的社会公正问题外,它显然还正在推进过程中,税收政策应涉及财富不平等、可支配收入、消费和盈利能力,避免任意不平等来源,其目的是对公共政策的较详细设计产生影响。关于税收,它体现在对个人不同税收待遇的公平性提出争议,具有鲜明的特点,在其他方面具有经济可比性。在储蓄者和消费者、已婚者和未婚者、有孩子的人和无孩子的人等方面列出问题。我们将对第五章和第八章中这些较小范围的公平和社会正义之间的关系进行讨论。

　　目前提供的例子说明了政府合法目的观点的范围较为广泛:个人权利保护;公共产品供给对集体利益的追求;促进一般福利;通过机会平等或再分配来创造社会和经济公平。显然,我们在这些问题上所采取的立场,对税收政策的影响将是巨大的。政府的合法性目标越广泛,它将享有更多通过设计产权制度来影响其公民生活及其关系的权力。影响将是大范围的,虽然个人仍然可以在国家制定的制度和法律框架内自由地作出个人选择并确定他们的生活方式,但需要依靠制度背后的政治理论,该框架会对每个公民面临的可能性范围产生深远的影响。

八、合法手段和个人责任

　　在对政府目标进行阐释后,让我们转入到合法手段的粗略划分。

　　首先,很明显,公平分配的目标不能与某些手段的合法性观点相分离。人们坚持认为,政府的正确目的是通过提供社会福利来使一般福利最大化,或者矫正机会或阶级分层的不平等,除非有人愿意使用税收资助这些活动,这意味着为了别人的利益而不可避免地向某些人征税。我们对此的看法将取决于我们对私有财产的道德地位及我们作为社会成员对彼此负债的想法。

　　有一种观点认为,税收是国家对本应属于个人的财产实行征收,这就必须克服侵犯人们自由处置财产权利的反驳意见。相反的观点是,征税后,法律制度才将属于你的财产定义为可根据自己意愿来自由处置的权利。由于没有独立于税收制度的财产产权,因此税收也不可能侵犯个人产权。不存在需要克服的初步目标,税收结构构成财产权定义的一部分,与合同、赠与、继承等法律一起,必须通过参考其有效性进行评估,以促进包括分配公平在内的合法社会目标。

因此,在某种程度上,对手段合法性的争议是对这些手段描述的争议。一方将再分配税解释为强行收取些属于某人的财产并将其分配给他人;另一方将其描述为使用法律体系制定财产公约,从而帮助实现公正的社会经济秩序。但这个争议的背后是道德观的差异,认为个人责任在财产制度的正当性中发挥不同的作用。

正如我们在最后一个章节所述,很少有过激的自由放任的维护者。然而,即使不采取严格的自由主义路线,即财产是一个完全先于政治的道德概念,国家的设计应保护在先的自然产权,人们仍然可以坚持洛克的精神,主张自然或纯粹的道德权利应是财产制度设计的一个重要因素,即使该系统也具有常规元素。这种立场的主要思想是在公正的社会秩序下,他们所做工作换取其所拥有的及他们所获得的对价,应是对个人责任和应得赏罚的价值观的敏感度。这应体现自力更生的理想产权制度设计,而不是社会团结的理想。

持这种观点的人会认为,如果人们根据劳动合同工作,在没有外部考虑因素的情况下,道德结果是他们应该得到商定的报酬并保持尽可能多的收益。第三方的强制参与将会破坏这种道德上的自然状况且需要特殊的理由,如国税局采取减税行为。同样的情况也适用于,人们投资自己拥有的资源来预期回报,但需承担风险。凭借自由协议、盈利,如同亏损,应由他们自行负责,在此基础上进行投资。同样,可以说,支出或赠送他人拥有的东西时,可以行使个人自由裁量权。

事实上,如果责任和应得奖惩在确定公正财产制度的设计中发挥重要作用,那么这将在两个方面产生后果。一方面,它意味着系统应该鼓励对努力和主动性的奖励,甚至超越提供最佳激励所需的努力和主动性。另一方面,它应该劝阻人们摆脱困境,如他们自己的懒惰或浪费,甚至超出了提供最佳激励所需的努力和主动性。换句话说,一些减少不平等和帮助穷人的趋势,将受到自力更生和个人应得奖惩的道德之抵制。

这样的前景自然也与某些想法相关联,即人们有权做自己喜欢做的事,以及拥有他们应该拥有的东西——包括给予他们可能关心的其他人,即使这些人没有做什么值得的事情。所以,这个观点从责任道德和应得奖惩开始,也支持各种相对无阻碍的转让和遗赠,生成可能被视为不适当的世袭阶级不平等。这对道德的不一致性构成威胁。

然而,让我们暂时抛开这种复杂的局面。核心问题是,是否在税收、合同和财产权制度的设计中,将个人责任视为基本的道德因素?因为惩罚懒惰和奖励勤劳需要不断干涉财产与合同,显然任何可行的制度都不能完全依赖于责任和应得奖惩。但这应该是一个考虑因素吗?即如果从收入较多的人那里拿去太多或给予收入较少的人太多,那么我们应该将其视为实现其目标的系统缺陷吗?

九、奖励和惩罚

关于人们应该值得或不值得他们脱离经济的想法,有两种对立态度,类似于大家熟悉的刑事处罚分歧。这两种态度,通常被称为惩罚主义和工具主义。惩罚主义者认为,有些人本来应该受到惩罚,因为他们对别人犯了某种错误,并认为这是刑法所规定的惩罚理所当然的一部分——自然道德需求的法律规定。当然,法律惩罚也有工具价值,作为预防和威慑。但是,在这个观点上,它在本质上也是合乎情理的。

相比之下,工具主义者认为,法律制裁制度的全部正当性在于其在保护生命、财产和安全方面的功效。犯罪的人应该受到惩罚,但是从某种意义上说,他们没有抱怨(这种惩罚)——行为违背了有益于社会目的之规则,其违规行为导致的惩罚是维持这些规则所必须的。如果他们被抓住,那么他们没有理由不受惩罚。

关于经济运行的工具主义观点是,人们应该得到劳动或投资的回报——并且还对他们的怠惰、浪费或鲁莽进行惩罚——但从某种意义上说,这些都是合理的期望,没有人可以抱怨。如果输入劳动合同或投资的制度是公正的,那么结果是合法的,最终收入高的人完全有资格获得回报,但这意味着，并不存在个人道德的应得奖惩。

惩罚主义者的经济模式没有简名，但有人将自然产权视为对劳动和投资的一种奖励，认为确保这些奖励是国家的工作，而不仅仅是设计财产制度来发挥工具的作用。也许这个观点的最合理的版本，将赋予维护经济体制责任与成果之间强有力联系的某些内在价值，但未声称会决定较大的系统结构。所以，除了需要激励外，还有一个原因是人们想要对他们的行业敏感、节俭、延迟满足等进行奖励。

但真的有以这种道德化经济制度的方式吗？问题是，激励方面的报酬在本质上是否合理，在一个服务于更大社会目的之体系范围内运作是否是足够的，或者在更强的意义上，人们赚的钱是否被认为是他们的。需要激励意味着，断绝责任与损益之间的联系是不可能的。但是，奖励成功和惩罚失败在原则上相辅相成。这完全是一个关于经济效应的实证问题，而不是对与错的问题。

同样可以说，反过来说，奖励过大有时遭到指责，就像明星运动员、艺人和 CEO 的薪酬一样。认为责任和应得奖惩不应在评估系统中发挥独立作用的人会回复道，只能通过比较生成的总体系统与全面的替代性补偿，在它们为整个社会生产的成果中，从工具主义的角度来比较它们，受到隔离的奖励不能被认定为应得的或不应得的奖励。

总而言之，从道义上来说，似乎没有必要或可能了解现代社会经济补偿的总体情况，好像是对刑事司法系统的一种更为积极的模拟。对自己选择的后果负责还有纯粹的价值空间，即使是在更全面的工具基础上确定可能性和替代性的系统方案。相对于背景情况，我们可以说，两个作出不同工作、储蓄、投资选择的人都会对结果负责；在这种情况下，他们有理由形成并可作出选择的预期。如果凭借他们对其选择后果的责任，人们在这个意义上对他们的生活有一些控制力的话，且经济体系向他们提供了替代品，这将是一件好事。[10] 这与个人自由和自决的价值是分不开的，即使在高度结构化的环境中也是如此。

---

[10]　参见 Scanlon (1998)，chap. 6。

但这些都不意味着个人责任的价值本身可以决定基本社会经济结构，只要存在一些私有财产制度和就业选择，就要维护个人自由和责任。税款和转账支付不会自动侵蚀个人责任，只是改变了它必须行使的条件。无论在何种体制下，你赚的钱就是你的，因为那是你的劳动所得，但是你不能错误地认为你真正赚到的是你的税前收入，其中有一些，政府会来从你那儿收取走。

对再分配的真正反对，可能是来自呼吁责任的人，即国家对我们彼此负有共同责任是不合法的——彼此的福祉，或者为了每个人在生活中获得公平机会的责任。这是关于应得奖惩结果的一个分歧，而不是手段。根据这个观点，通过实行平等主义的正义观念，建立我们相互作用并作出选择的框架，不应通过对他人施加集体责任来削弱每个人对自己的唯一责任。只要加上他人的责任会减少每个人对自己的责任范围，这被认为是个人责任受到侵蚀的反对意见。在这个意义上，以个人责任最大化为首选，超过可能与之冲突的其他价值观，如提高一般福利和机会平等，基本上否认我们通过国家机构对彼此负责这一观点。

十、自由与自由主义

然而，与责任主体相关的另一种价值观，即个人自由和自治的价值，在追求自己的人生过程中免受干扰或不适当的压力。结果主义者及义务论者公认其是一个很好的价值观。实际上，约翰·斯图亚特·密尔（John Stuart Mill）对《论自由》进行辩论，如果我们最终的社会价值标准是提高一般幸福，那么保护个人自由是实现这一目标的重要手段，因为它允许人们在自己身上发现什么能使他们快乐，从而导致生活的形式和条件随着时间的推移而得到改善。这意味着，政府对经济生活的任何侵入应通过人们的经济选择，尽可能灵活地让人们自由表达自己的喜好，并应避免限制选项，除非那是不可避免的。

但自由也可以在道义上的理论中发挥不同的作用，不是作为一个目标，而是追求其他目标的一些限制。现代政治理论中最重要的一个观点，就是国家对个人的权威不是无限的,然而价值可能是国家权力行使的目标。从这一观点来看,即使个人是集体社会秩序的成员,个人也仍对自己保留一定程度的主权。他们可能在某些方面受到多数决定的制约,并且出于某些目的而不是其他目的。

最常见的保护是对基本的人身权利的保护,如言论自由、宗教自由、结社自由、隐私权,并保护个人免受身体伤害。这些都是任何自由立场的标准要素。但也有人会将某种形式的经济自由列入保护类别中,这对税收问题具有重大意义。

显然,经济自由的最小形式对自由主义制度是至关重要的,即拥有个人财产的自由,随意自行决定要做什么。不过,问题在于,在推动市场经济重大经济活动时,是否有比此自由更大的经济自由——属于基本人权,作为我们每个人应该保留自己生活权威的一部分。如果是这样,政府通过财政政策入侵自由将会受到质疑,并可能需要特别有力的理由。

在这种极端自由主义版本的观点中,这种干扰的唯一理由将是对这些和其他相对重要的个人权利本身的保护。因此,政府通过税收干预经济自由来支持国防、司法机关和警察部队是合理的,以确保对自由和安全的保护,并实施合同和产权。只是为了提高全民福利或者确保分配正义或机会平等的税收,不会获得批准。

但是,即使不将经济自由的自由主义神圣化,可以根据哪些经济自由来限制在表面上也是有异议的,用自由意志的方式来维持一个立场是有可能的;因此,只有在例外情况下,对一般利益的征税才是合理的。很明显,美国的一些政党对税收持反对态度就反映了这样一个前景。正如我们在第二章所讨论的,未经审查的"日常"自由至上主义似乎是许多传统税收政策文献的默认假设。

该观点是政府应通过保护财产和强制执行监督合同,为个人开展合作经济活动提供便利,但它不应该限制这些活动的形式或阻碍其附带条件,如税收、分区规划或环境法规,除非绝对必要——因为人们应该有权利做他们想做的事,只要不伤害别人。有时,这些自由放任政策也得到后果性理由的支持——最适合一般福利——但它们通常反映出基于权利的在道义上的政治道德。

这里的意见分歧是根本。平等主义的自由论者只是看不到言论自由之间的道德相似性，以践行自己的信仰，或者对自己的性倾向采取行动，以及订立劳动合同的权利或出售不用减税的财产。他们认为，否认后者只是不对自治进行干涉，从而对人们控制其生活构成集中的威胁。个人自由裁量权的几种形式——包括基本的黑格尔提到的拥有个人财产的权利——以自我为核心，但不包括畅通无阻的经济自由。

然而，自由主义者相信，政府正致力于私人之间的交易，通过将交换的一部分转用于公共财政来提高成本，本身就是对个人自由的严重侵犯，只有出于足够重要的原因才具有正当性，如那些只有使用警察权力才能预防犯罪的证明。

财产的自由主义概念，作为一个先于政治的道德观念，不是基于道德应得的理念，而是关于道德权利的观念。在这种观点下，每个人在某些方面是不可侵犯的。如果坚称我们值得拥有我们所拥有的能力和天赋，那么也许没有意义，但事实上它们是我们的，我们认为怎么合适就怎么使用。我们对自己的原始主权——道德赋予的，不是由国家创造的——让我们自由地使用我们的能力，并暗示着其他人无权干涉这种自由，除非使用这些自由使我们侵犯了他人的权利。

国家不能改变这个定律。这不是一个集体安排，即据此我们都拥有彼此的份额，为了共同的利益，我们可以对其加以利用。相反，我们每个人都有权决定如何处理自己的能力，以及如何处置我们自愿承担的任何企业、个人或合作产品。比起因为同样的原因必须坚持某一宗教的要求，国家更没有权力要求削减利润来进行再分配，以换取对其和平合作条件的维护。为了支持其他自由权利，贬低经济自由在道德上是不一致的。这就是自由主义者的立场。虽然我们对它不赞同，但在政治辩论中，其显然有很大的吸引力和真正的影响力。

十一、市场的道德意义

这些深刻的分歧表达了对市场道德意义的冲突,是我们共同世界的最重要的制度之一。关于它的许多问题都涉及其结合无数个人选择信息工具的价值,以使发明和生产资源的有效利用成为可能,并分发人们需要和想要的东西。对于市场失灵的情况,也有很多需要表述,经常是由于外部因素造成的,因此需要更集中的干预,以防止产生有害的污染或改善公共交通使其畅通。

但除了生产和分销商品与服务外,市场经济也通过劳动力市场和投资回报对收入与财富进行分配。正是这个特点构成了道德问题,其中一些我们已经讨论过。在其执行其他功能的过程中,市场产生经济不平等,其中的原因是:人们的生产贡献差异、投资的差异表现、父母的慷慨赠与——所有这些不平等受到质疑的理由是否足以使它们在道德上合法。为了再分配及提供公共物品,不赞同的人会倾向于赞成一定程度的税收。

市场的道德意义还有另外一个方面,即使在处理了广泛的社会经济不平等问题之后其仍然存在。当我们大规模地考察市场经济的影响时,会出现分配问题。但也有小规模考察,即人们在市场经济中的选择会影响他们的个人生活,并使他们承担个人责任;在一定程度上,他们在生活中可供选择的项目中进行选择。

当然,制度提供的选项是有限的,公平的重要问题就是应该做些什么来修改这些选项。但是,如果公平分配和机会平等的广泛条件得到满足,那么市场经济不仅以效率为基础,还可能因为它对人们塑造自己的生活负责,并使其消费各种商品、度过闲暇时间、花费他们的积蓄,他们努力工作的程度及享受什么样的物质奢侈品,取决于他们在此类事物的替代混合物中所作出的选择。

同样重要的是,它以一个理想的方式,使每个人既对自己的选择结果,也对他人拥有的利益敏感。相比想要一些不怎么需要且容易获得的东西,如果我用自己的资源来获得许多其他人也想得到的稀缺好处,我将不得不付出更多的代价。如果我想要更多别人想要的东西,我将不得不牺牲我的闲暇时间,做一些别人想做的工作,以获得资源,进而得到它。

总之,可赋予市场道德解释,作为一种机制,使我们每个人作为经济行为者负责在自己的生活中对努力和资源进行分配,使得我们从这些选择中获得的好处有系统地依赖于他人的成本和收益。[11] 甚至可以看作把人们置于平等的地位,因此他们之间出现的差异,将全部归功于行使平等初始起点的平等自由所造成的结果。[12]

这个理想情况的麻烦是,在现实世界中,人们不能进入具有相同资源或平等技能和人才的市场。他们可以通过就业、投资和支出,决定对造成其后果负责,却无法在不平等的起点或选择的情况下负责任。尽管如此,即使需要单独处理机会均等和分配公平的问题,市场经济作为一种相互作用的结构,只要它不是确定经济利益分配的唯一机制,就可以认为其具有自身的价值。这意味着,作为实现个人责任价值的一种方式,市场的这种正当性,与纳入可修改背景条件所选择的税制制度是不相容的。用于资助能够促进分配公平或机会均等项目的税收,有助于市场与个人责任之间的关系更纯粹化,而不是破坏它。

但在任何正义观念中,市场经济最重要的功能并不是应得奖惩本身,而是作为鼓励生产和创造财富的手段。价格体系是激励机制的节点,激励人们为维持生产性现代经济做必要的工作,也是按照资源和劳动的不同用途将其分配给不同目标的机制。因此,税收对价格和经济激励的潜在扭曲作用,占税收政策是非曲直辩论的很大一部分。

公开辩论的大部分内容是关于不同税收对生产力、就业和经济健康产生什么影响的实证问题,包括扭曲的结果和效率的损失。我们对这里的问题是熟悉的:所谓的减少累进税的涓滴效应——如果对高收益减少征税,将会激励普通打工者的创新和投资优势;就资本收益用较低税率征税对于资本流动性的影响比其他收益低;单独企业所得税的影响及加速折旧免税额

---

〔11〕 对于市场按比例回报人们的付出,以及其他主张市场机制的道德意义的批判性讨论,可参见 Sen (1985);历史性回顾,参见 Fried (1998), 130 - 145。又见 Gibbard (1985)。

〔12〕 参见 Dworkin (2000), chaps. 1&2。

的价值,可以作为投资的税收激励。

最有趣的是,边际所得税税率对各级工薪阶层的影响问题。理论上,应该有两个相互冲突的行为影响:替代效应,据此如果他们每小时的预期报税回报率较低,那么人们就会不那么努力地工作(代替休闲工作);收入效应,也就是降低可支配收入,反过来又给他们一个更加努力的动力。[13] 因为边际税率的上涨将会减少一些人的可支配收入,并减少额外工作时间的税后回报,所以它会同时具有这两种效果,在任何给定的收入和税收水平下,并不清楚哪一个将占主导地位。据推测,对于有钱人来说,替代效应将占主导地位,而相反的效果对于没钱的人来说将会占据主导地位,但在二者之间并非界限分明。这表明,我们仍需讨论随收入下降的边际税率,以便通过直接转移支付而不是急剧累进税来更有效地处理不平等现象。我们将在后面的章节中讨论这些问题。

十二、个人动机和政治价值:劳动的道德界分

但激励问题还有另一个对规范性政治理论尤为有趣的方面,即它揭示了个人和政治动机与价值观之间的差距。[14]

当社会各成员追求各自的经济利益时,任何使用税收的政治制度,作为实现社会正义观念的工具,利用集体社会福利促进经济活动,从而创造财富。被征税的收入或利润在本质上是自利私人活动的结果,它们不是为了向公共财政提供资源而由它们的收入者产生的。无论人们面对什么税收,税收政策的设计只是简单地假定他们会主要考虑自己的私人利益,而不是从整个社会角度作出经济决定。

这就是为什么激励性措施拥护者采取维护较不累进所得税税率的形式,声称该形式将引起从事更有成效创业活动所需的高技能和创造性活动。只是为了内部收入产生大量资金,即使是从平等自由主义者的角度出发,期

---

[13] 参见第二章,第四部分。

[14] 参见 Nagel (1991), chap. 6。

望人们不论税率如何都能平等地工作,也是不合理的。

所以,典型的自由主义制度将各种各样的再分配政策和市场经济相结合,基于个人和政治动机进行严格划分。作为系统的支持者,它要求人们接受这样的政策,其目标是普遍的福利、正义、公平或更精确的社会价值观念。另一方面,作为个人,假定他们会注意自己及其特别关心的其他人,而不是考虑所有人的利益,是相对平衡的。

换句话说,在促进社会正义方面,个人与社会制度之间存在界分。哲学家们对于个人行为道德原则和社会制度设计原则之间是否存在根本分歧本身存在分歧。有些人认为,这些机构本来就要在个人利益之间表现出公正性,或者关注对某种不平等的反对意见;当他们不扮演公民的角色时,与个人对其同伴所需要的关注迥然有异。

关于这种“不连续”的观点,大致上个人作为个体可以强烈地偏向自己和家人,而面对面的陌生人之间,只要他们不直接伤害他人或以其他方式侵犯他人的权利就情有可原;但是,国家必须按照公平或平等的标准来追求全体公民的利益,并可能要求个人通过税收和各种再分配政策,对这一公正的结果作出贡献。此外,作为公民,个人在道德上有义务支持这种公正的公共机构,尽管他们可以在私生活中保持强烈的偏见。换句话说,有两种道德,一种是针对个人的,另一种是针对社会的。

相比之下,“连续性”观点认为,同样的基本道德标准是个人和机构要求的基础,但是社会制度与个人责任之间的界分是促进道德目标最有效的途径——这些目标对每个人来说都是一种体面的生活状态,消除严重的社会不平等和每个人都有机会在公正制度框架内追求个人的目标和利益。换句话说,存在一种道德,其证明了个人与社会之间复杂的职责界分的合理性。[15]

这两种观点都试图化解最初看起来像是现代自由民主制度运作的两难困境:它们呼吁政治支持的各种动机之间的根本分歧,特别幸运的是,它们假设的动机将会管理私人和职业生活。在公正地关心所有人利益的同时,

[15]　参见 Murphy (1998)。

为了让人们在其个人生活中获得收益、更具竞争力并致力于提高自身和家庭的利益，以及减少家庭之间的不平等，在他们的政治选择中，如为了别人的利益而增加自己的税收负担，这真的有意义吗？心理上是否保持一致性？[16]

即使一致，但是当涉及确保社会经济正义而维护政治支持程序时，私人偏袒和公共公正之间的对比就会出现问题。在不太慷慨的政权下，从政治的角度上看，在典型的现代民主中，这些方案是不成立的，除非它们不仅得到经济受益者的支持，还至少得到一些税收负担重的纳税人支持，以及留下更多税后收入纳税人的支持。在个人行为中，假设这些人和其他人一样，将尝试使用一切法律手段来尽量减少他们的纳税，为什么他们有时会支持增加税收的法律？部分原因是，他们希望法律对别人征税，但事实不仅如此。许多人似乎对道德界分很满意，其代理纳税和税收转移制度表达了对社会正义的承诺，正如他们所希望的那样，让其在私生活中自由放纵。

税收的政治问题是，政客试图向我们人性中善的那部分（公平公正的动机）求助，这是危险的。当涉及税收，至少在美国，似乎是对选民呼吁自私和贪欲的额外费用。目前，还不清楚如何实现公众良知的转变，这将使社会经济正义作为税收争论的危险性降低。在当前的局势下，另一种方法是避免特别有益于穷人的方案，并提供受益多数人的更广泛的社会援助形式。

另一方面，其可能反映了广泛的道德信念，即相比个人，我们依靠国家便不会欠对方更多的帮助或更公平的关注，以及我们每个人都有权根据基本相同的自利理由，形成我们的政治选择，管理我们的私人经济选择。无论如何，这些问题理应明确。

十三、结论

影响公共政策评估的价值观具有多样性，因此对此存有许多争议。第一，对于公共政策的合法目的存有争议。例如，是否可以根据集体自身利益

---

〔16〕 参见 Cohen（2000）。

或公共福利或某些涉及"公平"一词的概念（包括机会平等），对此进行定义。同时，需要对这些概念进一步下定义，尤其是涉及如何正确结合与平衡不同人群不同利益的相关概念。第二，对于是否应当限制该州对个人的控制权，是否应当根据财产权限定这些权利，以及这些限制是否仅用于其他目的的惯例等问题也存有争议。第三，对于责任与赏罚在决定人们的经济回报方面应起到何种作用，以及应对哪些个体负责等问题存有争议。第四，对于机会平等的重要性，其与经济继承不平等的关系，以及哪些导致分配不均等的社会性原因应被视为过分武断这一更大的问题，存有争议。第五，对于经济生活自由选择权的重要性存有争议。

税收问题，将尤其针对个人自主权和群己责任进行经济解释，而这两者恰恰是政治合法性和政治公正的两个极端。我们应当对公民给予何种关怀？我们生活中哪些方面不应受到集体控制的约束？在证明税收结构的合理性，以及解释财产权总体系统的复杂环节时，这些价值观连同事实性假设，必须予以说明。

在决定选择何种方法解决所有具体问题时，我们坚信在税收结构之前不存在什么财产权。财产权为一整套法律和协议的产物，而税制为其中的一部分。尤其，税前收入不具备任何独立的道德意义。其不能决定纳税人对哪些财产享有前政治权利或自然权利，也不能决定政府征税时可以对哪些财产进行征用。所有关于哪些税收合法，哪些税收不合法的规范性问题，应予以说明。而对于该税制如何解决纳税的各种交易（如雇佣、遗赠、合同、投资和买卖）所引发的财产权问题，则不需予以说明。

这些解释会造成许多值得注意的问题，而这些在传统争议中同样存在。即便如此，这些值得注意的问题将用于评估整个规则体系及其造成的结果，而非用于证明侵犯假定自然权利是否合法。公民对自身收入确实享有权利，但是其道德力取决于该收入来源的程序和制度背景。该程序只有包括征税，以支持各种形式的机会平等、公共货物和分配公平，才能被视为公平公正。只要收入来源制度（包括税制）公平公正，就意味着享有明确的道德权利，因此公民享有的收入权利不应被用作假设，以评估税制的公平性。

一个自然而然的错误观念，只要约束某种行为的这些惯例普遍存在，深深掩埋,不为人所见,这个错误观念就会存在。确实,即便我们知道语言惯例具有高度任意性,这些惯例的存在也似乎非常自然。我们会说猪之所以被称作猪,是因为它们具有某种饮食习惯,并且喜欢在泥浆中打滚。然而,把一个词的传统意义视为一个理所应当的事实,然后用该词来证明该传统的合理性,换言之,即自证该词本身的合理性,这无非是一个笑话。

财产的规约性比语言的规约性更难以理解。而且,人们很容易摒弃这种观念,即你同意以一定的价格出售自己的劳动,而你的雇主同意支付相应的工资,但这笔工资只是一个账面数字。它与人们对自身可支配收入所享有的财产权之间,只存在某种间接关系。而这些可支配收入应来源于符合现有法律体系相关规定的交易,且这些可支配收入赋予公民的合法权利,只有在符合现有法律体系相关规定的前提下,才能被视为道德合法。由于未经分析的简单直觉,人们想当然地认为何为我的,何为你的,而由此产生的压力导致人们抛弃传统观念。但事实上,这种直觉取决于财产法律制度的相关背景,即其不能用于该制度的评估。

对该财产法律制度进行评估时,必须对“我的”和“你的”进行明确定义,该定义不能源于对这两个概念的一整套假设。正确的答案取决于,何种制度能利用正当手段,更好地服务于社会的正当目的,同时不会产生不正当成本。只有这样,本质上传统的财产制度及纳税方案,才能被视为合理、公正。“合理”“公正”的相关定义可以参考个人自由、赏罚及责任,以及公共福利、机会平等等考量。但在根本上,这种理据不适用于财产权。

第四章　再分配与公共供给

一、税收的两种功能

我们要展开讨论更实质性的税收政策问题，就需要考虑到任何一种税收制度对于一个社会的特征所产生的两种不同效应——而这些效应共同引出了我们业已指出的诸多社会正义的哲学问题。

税收有两个主要功能：一是税收决定有多少社会资源将归入政府的控制之下，用于按照集体决策程序进行支出，并决定会余下多少在私人个体的自由控制之下，作为其个人财产。这被称作公私界分。二是税收在决定社会产品如何在不同个体之间进行分享方面起着核心作用，这种分享既能以私人财产的形式也能以公共福利的形式进行。这被称作分配。

尽管很多税收项目都具备这两种功能，但是二者在概念上截然不同。重要的是，在考虑税收问题时要牢记这种区别，因为这不仅是概念性的，更是规范性的。支持和反对政府而非私人控制资源的理由，并不一定是出于支持或反对在集体和个人中进行资源再分配，反之亦然。政治性雄辩言辞倾向于使用平等主义再分配来界定"大政府"，而这两个问题的主张之间并没有必然的联系。

　　有人可能会支持资金转移、现金补贴等强烈的平等主义分配政策,而反对除最低限度外的所有公共供给——以使个体尽可能自由地决定如何支出他们在社会产品中的份额。另一方面,有人可能支持公共教育、卫生保健、军费开支、环境和社会管理,以及科学、艺术、体育、娱乐、文化等高水平的公共供给,却反对任何其他形式的再分配,除非对享有不平等资源的人士征收不平等税收,它提供公共物品的融资产生了不可避免的副作用。当然,有人也可能同时反对再分配和公共供给,或者同时支持两者;重要的是,这种关联性非必要,我们如果不能区分这两个问题,就无法清楚分辨其产生影响的原因。

　　但区分分配和公私划分还有另一个原因,即除了参照已有的有关分配问题的一些答案外,我们无法评价公私问题的不同答案,因为我们无法比较资源的公共和私人使用价值,除非我们知道私人控制的这些资源不被公众利用,将如何在个体中进行分配。

　　根据效率原则,如果资源在私人使用时会有更好的效果,那么就不要公共利用,反之亦然。理想情况下,两者之间的界限应该通过使公共和私人支出的边际价值得以均等的方式得出,这可以通过一些适当的措施获取。但是,如果提供公共支出替代选择的私人分配是不公平的,那么就会使该效应发生扭曲,公共支出的价值将和"错误的"私人支出的价值进行比较。理想情况下,我们能够将公共和私人支出在一种分配制度下进行比较,而这种分配制度可以假定为在个体之间是公平的。

　　实际上,一些公共支出本身是再分配性质的,但即使对那些非再分配性质的支出,我们也只能借鉴分配问题的答案来解决公私问题。正如我们在上一章所看到的,该问题是一个存在巨大分歧的话题。分配正义有许多观念,包括不同程度的平等主义、功利主义和/或自由主义观念。此外,其实施通常会涉及一些公共支出,至少包括维护法律制度和提供外部和国内安全,而通常要比这多得多。然而,在我们能够评估诸如此类的公共支出的可能水平和融资方法之前,我们至少需要假设一些分配问题值得注意的解决方法。

　　这将是一个纯粹假想的个体间资源分配,代表了一种特殊的正义观念。

相比之下,任何实际的配置都是在适当的自由和机会条件下,私人经济互动的某种组合的结果,可能是某种程度上的税收和转移,某种形式的直接公共供给和差别税收。但是,这些机制的理想形式不能独立于分配假设来确定,因为除非将其与这些资源在其他私人使用中具有的价值相比较,否则我们无法评估公共支出——为了做到这一点,我们必须知晓谁将得到这些资源。

尚不清楚如何更好地考虑税收的这两种元素之间的相互依存关系。任何分配目标均取决于某种形式的公私划分的实施,而任何公私划分只有在某种分配假设的背景下才是合理的。它不是解决一对联立方程的简单问题。这种相互关系相当复杂。

首先,如果能够假设一个公平的分配作为起点,那么我们需要设定非分配性公共供给的水平和类型——本质上是公共物品——如此,人们将使他们的钱花得值。如果资金按照公正分配留在私人控制下,无法被更好地使用,那么更多的资金会配置给公共部门。其次,不论我们对分配正义的观念是什么,如果没有某些公共支出,我们就无法实施公正的分配制度,所以这些支出不能按照需要它们作为条件的公正分配相同的方式进行评价。第三,部分甚至可能是大多数形式的公共供给会将分配和非分配功能结合起来,特别是通过这些途径,由差别税收获得融资方式,所以它们既会产生出评价的背景条件,又会参照它们而得到评价。第四,假设公正分配将会对生产和分配产生次级影响(所谓的扭曲效应),无论征收何种税款用于支付公共供给,或许都会致使这种假设出现差错而需要补偿调整。所有这些均使正当性变得几乎难以理解。

然而,在某种程度上,分别对待分配和公私划分似乎是一个理想的目标——从而希望事情如此安排,使得在公平配置下,个体可以获得社会产品中的公正分成,而公共支出的美元边际效用在其产生的效益下值得必要私人支出中的牺牲。克努特·维克塞尔(Knut Wicksell)、埃里克·林达尔(Erik Lindahl)等古典理论家通过简单地假定在个体间进行公正分配来处理这一问题,却没有指明它是如何产生的,也未评价税收和公共支出政策,就好像它们偏离了那个基准点。[1]

二、为公共物品付费

无论是否假定为公正的,整个社会产品在个体之间的任何配置均是虚构的,都需要某些公共支出来维系法律和经济秩序。让我们做一个思维实验,假定一个在社会个体之间进行资源控制的概念划分,让我们暂时不予考虑分配的问题,而简单地假定通过某种标准进行的划分是公正的。

这种标准甚至可能是与自由主义相关的最低标准。根据该标准,社会产品的分配是公正的,前提是该标准在自然自由的条件下获得——通过在法律制度下进行不受胁迫的经济交易和自由的赠送交换,该法律制度允许每个人平等地参与和行使其财产权利。目前,我们不是在严格的自由主义框架下考虑,因为该框架会禁止强制税收,而是作为公共物品融资的分配基准来考虑这一问题。本质上来说,这意味着分配正义没有实质性的标准,只有程序性的标准,正义本身并不需要任何再分配,即使为了保证机会均等亦同样如此。[2]

但是,我们也可以假定,公正分配需要一种社会最低限度、机会均等或某种更强烈的平等原则。我们只会假定,无论这个观念在精神上是如何主张平等主义,公正分配仍然会涉及实质性的资源不平等。这是简单的现实主义。而我们目前将为公正分配的性质留下不确定性,从而专注于公共供给。因为分配正义的任何实质性观念在实践中均必须部分通过公共供给来实现,而这两个话题将在之后重新讨论。

如果分配问题的某种解决方法被假定在背景中,那么公共供给的主要动机将是提供公共物品,即不能将个体排除在其利益之外的公共物品,因为

[1]　对这些理论的讨论,请参见 Musgrave (1959), chap. 4。其中一些原著的英译本可参见 Musgrave and Peacock (1958)。尤其是 Lindahl (1919)。Musgrave 自己也曾提出政府功能的三分法:划拨、分配、稳定维持。前两项功能就涉及我们所区分的分配与公共供给。涉及 Musgrave(1959)晚近一些的讨论,参见 Kaplow (1996); Slemrod and Yitzhaki (2001)。
[2]　Epstein 也持此类观点,参见 Epstein (1985), 7—18, 283—305; 以及 Epstein (1987)。

公共物品除非被提供给每个人，否则不能专供给任何人。它包括国内外安全及法律制度的维持，该制度允许运用自然权利来管理资源的产生和分配，但是也可能包括其他各种会改善生活质量的文化、社会和环境物品。

这里我们应该注意一个复杂的问题，之后会搁置不予讨论，即并不是每个人都会在相同的程度上"消费"这些公共物品中的每一种。例如，海岸警卫队和飓风警报对于内布拉斯加州的居民价值有限——尽管龙卷风警报可能有助于解决问题。精明的政治交易有时可能会以粗略的方式处理这一问题，因为有许多不同的公共物品在争夺资源。在地方、州和全国人口中，为不同目的划分的课税基础可能也会有助于确保人们获得他们所支付的公共物品。然而，我们之后的讨论将不再考虑这个复杂的问题，而是将任何不能提供给特定个体的物品视为一种公共物品，但如果要提供该物品，那么就必须全面提供。

我们也将暂时搁置公共支出的另一种动机，即所谓的公共责任。尽管不是每个人都会同意，但是这种观点相当普遍——与分配正义的任何要求相去甚远——我们有某种形式的集体义务来协助预防或减轻诸如饥荒、瘟疫、环境恶化等重大灾害，而且可能我们也有义务支持某些固有的物品，诸如艺术（包括艺术遗产的保护）。此类义务如果存在就会跨越国界，并且它们可能严格由政府强加给其公民。这是向人民进行征税的一个合理理由，用于向严重贫困的国家提供对外援助或为政府提供艺术支持，不是基于这些事物能够为公民带来利益，而是公民理应对其支持。

我们稍后会回到这个话题，但是目前我们应该把重点放在公共物品上，它是向公众提供的物品。而且，为了讨论方便，我们未考虑分配问题，而是假定了一个不平等但是公正的分配作为研讨的背景。

在决定这些公共物品的水平和类型及融资形式时，我们也将决定什么会留在个体的私人控制之下。而且，如果初次分配是公正的，那么我们应该想要从中进行拨款，用于这些公共用途，以使人们的钱花得值得。因为不可能进行排除，所以我们无法通过要求每个人只购买一定数量的军事保护来实现这一点，如他们希望且觉得自己可负担无法询问的数量。我们也无法按照每个人相同的价格提供保护，而排除那些不进行支付的人。我们不得不在公共支出中以人均成本给予每个人相同水平的保护,尽管这对于他们每个人的货币价值是不同的。

造成这种价值差异的主要原因并非有的人比其他人更关注军事入侵的危险,而是因为有的人比其他人更有钱,所以从他们那里多收取一美元用于国防并不意味着用于基本必需品的资金减少一美元,而这只是用于一些不那么重要事物的资金。你拥有的钱越多,一美元边际效用对你的价值就越低,所以你在国防和替代私人用途上的支出,相对于那些资金少得多的人的支出,其边际效用会在更高的水平上得以均等——在不平等但假定为公正的分配之下,这是我们的基准点。

因此,我们所能做的,最多只是将公共支出设置在从个体获得不平等的出资来进行融资的水平上,其应尽可能使他们每个人的公共和私人支出的边际效用得以均等。在任何给定的国防总支出水平上,对于那些有大量财富的人来说,所得到的保护比那些没有财富的人更有价值,所以这意味着,如果前者支付更多,效率会得到提升。当然,这些价值只能由制度设计者进行推测,因为它们不会为市场所揭示。至于它们是否能够由政治进程所揭示,则是一个很难回答的问题。

这与自由市场中商品的定价和配置完全不同。如果一个商品,像芦笋,可以由一个个体购买而不是提供给每个人,且如果存在一个竞争性的市场进行供给,那么会发生两件事情。首先,具有不同财富或收入但是同样偏爱芦笋的人会以给定的价格购买或多或少的芦笋,也有可能不购买。其次,所有的买家均能够以相同的价格购买到芦笋——该价格对于有的人来说,是他们为几根芦笋所愿意支付的最高价格,而对于其他比他们更富有的人来说,该价格远低于他们愿意支付的最高价格或保留价格,即使对于他们所能吃到的所有芦笋来说同样如此。因此,私人物品的竞争性市场会自动产生巨大的剩余——实际价格和保留价格之间的差额——这是对于有很多钱的人来说的。穷人只能在非常便宜的私人物品上,从这种剩余中获益,诸如食盐和电子手表。对于他们来说,大部分的东西都不会让他们觉得便宜,或者是几乎没有花钱,因为大部分买价都接近于他们的保留价格。

对于一个公共物品,个体无法获得不同的数量,也没有必要向每个人收取同样的费用,所以不存在必然又极度不平等的剩余配置。那么国家的问题就变成了向每个人提供的物品数量是多少,以及每种物品分别需要怎样的价格。这与私人物品生产者面临的问题截然不同:向每个人收取怎样的价格,可以使不同个体获得不同的数量后,总销售额产生最大的利润? 政府必须更像一个价格歧视的垄断者一样进行运作。其必须弄清楚公共物品对于每个个体的价值是多少,并据此对他们每个人收取相应费用,从而从不平等的税收总额中为该物品的总成本提供资金,并将供给水平设定为对于每个人来说,该税收低于或等于该人员对于该水平的保留价格。

某些高水平的公共供给将无法满足这一条件,因为它们的成本超过了所有个体的价值总和,这些个体通过缴税来对其进行支付。它们的成本将无法进行分配,从而其边际效用将不会低于至少一部分纳税人的资金在替代私人用途时的边际效用。另一方面,低水平的公共供给显然是低效率的,因为它们必然使至少某些纳税人私人占有资金,而如果该资金被征收用于提供更高水平的供给,那么将使它们获得更大的边际效用。

在这两者之间,将会降低供给的水平和成本的配置,这是高效率的,且不会超过任何纳税人的保留价格。对于这些解决方法,如果不使其他人的状况恶化,一个人就无法通过改变他们的税收或公共供给水平来改善任何人的状况。然而,因为很多解决方法在这个意义上是有效率的,所以效率本身并不意味着在它们之间进行选择。即使纳税人对于公共物品的成本出资不均等,但按照金钱对他们的不同价值,在大多数情况下,仍然会有剩余,可以在他们中间以不同的方式进行分配。这是因为,一种公共物品的总成本在一个给定的供给水平上,往往会低于个体保留价格的总和。所以,如会有多种水平的国家安全或街道清洁,其成本由多个纳税人区域承担,而不会超过任何人的保留价格。实际上,可能存在很多种类的公共物品,其中确实会在任何供给水平上达到饱和水平,即边际效用降到零,且任何人在任何价格下均不想要更多的战舰或街道清洁工的水平。

假定有一个国防饱和水平,穷人最多愿意支付 20,000 美元收入的 10% 以达到该水平,而富人愿意支付 100,000 美元收入的 30%,但是对于该水平,每个公民的成本只有 10,000 美元。很明显,从他们每一方的私人消费中征收 10,000 美元对其进行资助是没有效率的,因为这会使穷人愈加贫穷。而选择一个较低水平的供给也是没有效率的。但是,如果该水平由国家提供,那是向穷人征收 2,000 美元并向富人征收 18,000 美元;抑或富人支付 20,000 美元而穷人不再支付;抑或每一方按照他们的保留价格来支付一定比例的总额分成,即 18,750 美元和 1,250 美元呢?(这些并不是唯一有效的选择。)所有这些配置不仅是有效率的,而且使得每个纳税人的国防和私人支出的边际效用得以均等——因为每个人的 1 美元用于国防的边际效用取决于其他人支付多少。

这种国家作为非盈利价格歧视垄断者的选择,确实不可避免地带来了公平问题,而不仅是效率问题。这可能是一种与分配正义不同的公平,因为即使在分配不受后一种标准影响的背景下,它也可以明现。但即使是一个自由主义者,也不能将公共物品的定价推向市场,或者一个假想市场。[3]所以,我们看到,分配问题不可避免地会涉及公共供给,即使对那些在普通意义上并不相信分配正义的人亦然。

按照不同保留价格衡量,与利益成比例的征税似乎成为貌似合理的标准,这很可能在实际上带有显著的累进性。所以,在受限制的背景下,还有一些类似于利益原则的空间,我们之前拒绝其作为税收正义的一般原则。在分配被假定为公正的背景下,公共物品的资金支持最好根据某种与利益成比例的标准进行安排。然而,这只是一种可能性,分配正义的其他理论可能更直接地影响这一选择。

即使一种分配要素由于剩余而达成这些选择,重要的是,我们必须认识到,在资源不平等分配的背景下,公共物品的税收配置中的实质性不平等将仅由效率决定。我们必须在其中作出选择的高效成本配置已经显著不平等,其不平等的方式与背景不平等相互对应。(在上述示例中,它们降到 18,000/2,000 和 20,000/0 之间。)

有一种观点,并非有意认为这种制度在实际中将不可避免地被视为再分配性质。再举一个例子,如果富人愿意支付大量金钱用于清洁街道,而穷

---

[3] 参见 Samuelson (1954)。

人愿意支付很少一部分,无论如何,穷人还是会得到街道清洁,而大部分是由富人缴税收进行支付,清洁水平则是穷人不可能负担得起的。但是,另一种选择要么是让穷人支付更多的钱用于街道清洁,这超过街道清洁对穷人所具有的价值,或者让富人居于肮脏的街道,以此换取额外的可支配收入,而相较于花在清理街道上,这些额外收入对于富人来说价值更低。所以,推动问题解决的依据实际上是效率原则,而不是再分配。

三、什么物品是公共的?

市场支持者倾向于认为,更高的效率意味着最大限度减少公共支出,并通过私人契约供给尽可能多的物品。托马斯·谢林甚至建议,应该允许穷人光顾更加廉价的航空公司和机场,它们将提供的安全水平低于富人的要求——因为这对他们的节俭而言物有所值。[4] 从金钱的角度来说,毕竟富人比穷人更重视他们的生命。然而,通常来说,公共物品并没有令人满意的个性化替代品——不仅最低限度的"守夜人国家",其他也是这样。富人能够在不对公众开放的私人社区中聚在一起,那里的街道清洁、景观和安保体系健全,但对于他们来说,这仍然是不够的。他们还希望能够在安全且有吸引力的城市中生活和工作,那里的人们具有多样性。将所有事情推给市场,在某些方面会使每个人变得比原本的处境更加糟糕。

公共供给的合理性可能并非为了再分配,而是出于效率的原因提供公共物品——让所有人受益的物品——这可以扩展涵盖到很多层面。经典的公共物品包括国防、国内安全、法律制度、环境保护和公共卫生。但可能还包括不能由私人提供的重要的美学、社会和文化物品。如果我们可以为所有人确保一个适宜的教育水平,而不受其支付能力的影响,那么结果将是一个更好的社会,每个人在其中生活会好得多,而且几乎每个人的经济状况也会更好,而不是一个文盲和数学盲水平更高的社会。不论这是通过补贴或教育补助金券负担费用的公立学校还是强制性教育来实现,效益都将不会

---

〔4〕 参见 Schelling (1984)。

仅限于直接接受人。富人对于全民教育的可观支持，以及来自穷人的即使是最低限度的税收贡献，总的来说，从社会和经济层面，均将会产生有利于富人和穷人的结果。

为了培养创造性的文化环境对于艺术的支持、对于科学和学术研究的支持等，都会有类似的情形。最后，还有一个案例，基于这种类型的效率考虑，用于保障社会中的每一个人的适宜的最低生活水平，或者适宜的最低收入的传统社会福利政策。这种计划通常被认为是再分配性质的，但是一个适宜的社会最低限度的替代选择将是一个真正贫困的社会，其通常会导致更高的犯罪率、吸毒成瘾率和单身母亲率，所有这些均将其自身的成本不仅强加到穷人身上，更会强加到每个人的身上。让人感觉糟糕的是，由于这种变化而产生为使非技术性劳工足以支撑起一个家庭的工资补贴的成本，可能通过节省监狱和执法部门的成本获得平衡，更不用说它对社会环境变化中每个人的价值了。[5]

同样，这样的计划在通常意义的利益上也并非再分配性质，而有些是以牺牲他人为代价的。穷人会受益，但是受益程度只会和富人所享有的相同。穷人受益的规模将取决于在竞争性的支出类别中，什么能使富人在边际收益上得以均等——在他们金钱的替代用途（包括私人消费）对其更为有价值之前，富人可以出资多少——罗尔斯的差别原则却恰恰相反。

就这样，社会和经济不平等的减少被视为一种公共物品，根据其对于不同个体纳税人的货币价值进行偿付。这个案例不同于国防，如针对提高穷人的可支配收入的一些成本，而对其进行征税是没有意义的。但是，这仍然是由效率推动的，而不是公平——直接呼吁每个人的权益，而不会强制牺牲任何人的利益。以这种方式勾画社会福利政策，有明显的政治优势，但这并不意味着它空洞无物。

然而，如果效率争论向另一个方向发展，支持监狱的建设而非社会最低限度的供给——或者，如果出于任何原因，富人生活在充满穷人的社会中并不会感到不幸福（它解决了佣人的问题），那么我们必须另行考虑分配的问

---

[5] 这种纯粹效率的观点可见于 E. M. Phelps 最近对工资补贴的雄辩，参见 Phelps(1997)。

题。目前为止,在本章中,我们一直在询问相对于在私人个体之间进行资源分配所必须满足的正义标准的最低限度假设,如何确定公共供给的适当水平。这包括了自由主义标准。现在,我们必须考虑背景假设的更多限制性替代选择。从理论上来说,这又是一个公私界分的前置问题,因为并没有必要通过直接公共利益供给来实施更实质性的分配正义观念,即公共供给的水平在逻辑上是次要的,而且如我们所说,其仅可以在分配问题解决的背景下才能得以确定。

四、再分配

实质上属于再分配性质的正义理论存有疑。尚不清楚一个人如何构思功利主义,或者罗尔斯主义的分配如何在没有指明公共供给的水平之情况下进行。然而,现在让我们先把这个问题放在一边,坦白地说很多人会赞成属于再分配性质的社会和经济正义标准。根据这个标准,自由主义的程序条件并不足以为经济交易的结果赋予正义。这些观念包括:(a)要求额外的程序性条件的观点,诸如通过教育、卫生保健、儿童保育支持等来实现某些积极形式的机会均等;(b)为其本身要求一个适宜的社会最低限度的观点;(c)由于大多数财产的边际效用递减,而要求资源从富人转移到穷人的功利主义观点;(d)诸如罗尔斯等人的自由平等主义观点,其结合了机会均等和优先改善穷人的状况。我们不会论及这些观点的是非曲直,但是会把精力集中在它们与公私界分问题的关系上,其必须同时满足两个用途,即分配正义和公共物品融资。

再分配不一定需要采取公共供给的形式,但是它可以在现金和实物之间选择再分配转移的形式,这是非常重要的。但是,即使我们暂时搁置意图上显然是再分配性质的公共供给,它同样会有公共物品公共供给的后果,其重点并不是再分配性质。正如之前讨论的,它们从税收收入获得的融资,现在也将用于再分配的用途,而不仅仅是效率。分配方面的考虑将会影响公共物品在纳税人之间超出剩余配置外的成本配置,这在之前已经展开了讨论。此为势在必行,尽管相对于假定的公正背景分配,我们在决定公共物品的适当水平上,仍然主要依赖于效率。

我们已经说过,将论证的过程抽象地分为两个阶段存在问题,而且有高度人为性。(在分配原则是功利主义的情况下,这是尤其特殊的,因为我们将把一个功利主义观点堆砌在另一个观点上。)然而,假设我们可以在逻辑上优先构思分配问题的解决方法,而不指明如何实现,也不针对公共供给假设任何内容,那么我们将拥有一个基础,可以通过和其他公共物品及私人支出进行比较,以确定诸如国防的公共物品的效率水平。在确定该水平之后,我们将能够确定不同个体所承担国防费用的份额,这来自于他们在公正分配下所拥有的不同概念性资源。最后,我们能够通过税收来调整他们的实际成本份额,将其作为一种实现公正分配的方式。这意味着,再分配通常采取直接转移和公共物品融资差别出资相结合的形式。但是,重要的一点是,把这个问题看作部分是由公共物品的支持构成,而这来自于再分配的受益人所拥有的资源。

假设富人拥有初次分配收入 100,而穷人拥有收入 10,分配正义将要求富人转移 10 给穷人,之后他们分别拥有 90 和 20。假设相对于这种公正的名义分配,公共物品支出水平中,富人贡献了 90 的 30%,而穷人贡献了 20 的 10%,这使他们双方的公共和私人支出的边际效用得以均等。这一结果可以通过从富人那儿征收 29 用于公共物品预算,然后再从富人那儿转移另外的 8 给穷人而实现。

五、转移抑或供给?

这里仍然存在一个问题,即除了公共物品的融资外,如何最有效地实施再分配? 一个人如何在公共供给和简单的私人资源转移之间作出抉择? 由于某些种类的公共供给可能具有双重功能,因此这个问题进一步复杂化。它们既可以作为公共物品,也可以成为再分配的形式,而其政策支持者的实际动机可能是混合的。这在之前有关社会最低限度、全民教育、卫生保健等的非分配性效率论证的讨论中显而易见。但是,无论哪种情况,似乎可以用实物提供这些物品,而不是完全采用可替代现金的形式进行。这并不一定必须采用公立学校和大学、公共住房或国家卫生保健服务的形式,其中一部分可以采用专门针对某种用途的补助金券、食品救济券或住房津贴来实现——因此,保留了市场供给和配置机制的一些效率优势。而不止一个理由可以证明,实物供给是合理的。

最重要的是托马斯·斯坎伦(T. M. Scanlon)在《偏好与迫切需要》(*Preference and Urgency*)中所述的内容。[6] 即使帮助那些有需要人的动机,坦率地讲,也属再分配性质。分配正义观念所依赖的价值度量本身应是客观的,足以从社会所代表的价值体系多样性的角度加以接受。个人喜好的满足,无论它们是什么,都不符合这个标准。我们可能觉得彼此之间应该有公平的机会均等或适宜的生活标准的条件,但是这并不意味着,只因为个人更加看重它,我们就应该给予个人帮助,以使之获得其他替代品。

在斯坎伦的例子中,如果一个人愿意放弃适宜的饮食而为他的上帝建一座纪念碑,这并不意味着,如果我们觉得有义务为他获得足够的饮食而出资,那么就有义务在他的纪念碑成本上给出等价的资金。在实物供给不利于上述交换,但能确保再分配将按照等价价值进行的情况下,这就是相对于货币再分配所具有的优势。对于社会经济不平等的减少,也作为一种公共物品的例子,这将更为明显。问题的改善必须对每个人都具有价值,而且很有可能特定的利益将会更可靠地产生预期的社会效果。

关于满足基本需求,也有一些家长式父爱主义的原因:健康、教育、退休和残疾与失业的保险。社区不相信个人而在这些方面保持谨慎有合理的理由,尤其是他们没有太多资金的情况下。出于政治目的,可能最好是将上述家长式计划普遍应用,但是其最重要的影响是对于那些没有实质性额外私人资源的人,将无法为其轻率行为的不当影响提供缓冲器。

尽管如此,对于这个问题还是很难充满信心。在实施实质性再分配的过程中,可能需要明确公私划分的界限,以便将分配资源的最大份额留在私人控制之下,这既是出于效率也是基于促进自主性价值的原因。人们比政府更了解如何使用自己的金钱,这一熟悉的保守主义措辞结合了两种主张:

---

[6] Scanlon (1975).

(1)人们在纳税前挣到的钱是他们的,不应要求他们为了其他人的利益而放弃这些金钱;(2)无论他们的资金有多少,其管理和支出最好都留在他们的掌管之下,按照自己的价值观和判断进行支配。第一点是反对再分配的;第二点是亲自主性的。在不接受第一点的情况下,接受第二点的某些形式是可能的。即一个人可以认为人们最好自行决定如何使用"他们的"金钱,但是同时又要承认政府能够通过设计税收和财产制度来合法地确定什么是"他们的"——不同个体在税收和转移之后,最终能够拥有的可支配收入和财富。

纯粹的资源配置可能通过实质性的个人所得税免征、负所得税(或劳动所得税抵免)、工资补贴、家庭津贴或者自动分配给所有人的大规模全民式补助得以实施。在收入方面,分配可以通过各种方式获得支持,累进所得税只是其中之一。如果有案例反对"大政府"——反对大型公共服务和公共供给计划——其不一定是一个反对再分配的案例,其原则上可以大部分以现金方式进行,使人们可以自由地选择如何使用,如健康保险、退休年金等。只有公共物品由政府计划直接提供,其范围可以通过考虑效率而决定,前提是公正的分配得以保证。

所有这一切都没有解决反对再分配转移的纯粹经济观点,无论是以现金还是以实物进行,观点大意是,税收将会对投资、高收入和低收入者的工作动机、就业与生产力水平产生不利的影响——对于需要帮助的人来说,旁观政策的涓滴效应将会产生更好的实际成果。无论这些主张的经验优势是什么(我们在第六章将会回到这一话题),它们只能通过参照某种标准来提供关于税收正义的观点,该标准表明什么使一个结果比其他结果更公正。在一些经验假设中,即使像罗尔斯的差别原则这样强烈的平等主义正义观念,也无法通过从富人向穷人进行再分配来实现,因为这种再分配的经济影响伤害了穷人——例如,会使其没有足够的动机去寻找工作。如果情况确实如此,那么正确的分配最好通过更少的转移来实现。这在恰当的位置留下了一个合理性框架,我们已经勾勒出该框架用于确定与正义观念有关的公共物品的精确水平和融资方式。

六、公共责任

让我们最后回到前面提到的特殊类型物品,它既不是社会中特定个体的物品,也不是所有个体的公共物品,而是本身就是一个物品。我们提出,如果有这样的事物,那么它们由国家以公共责任的名义合理地用税收进行支持,而不是以公共物品的名义。例子包括对外援助、艺术和科学资助,以及濒危物种保护。所有这些可能具有公共物品的一面,也可能具有私人物品的一面,对外援助很可能在全球范围内带来某种形式的分配正义,引起有关国际和国内分配正义之间相互作用的问题,而这些问题并不陌生,却困难重重。[7]

然而,现在让我们把它们看作物品,如果可能的话,每个人都具有某种义务来推动其发展。一种观点会认为,这种义务的履行应留给个人进行选择,通过私人慈善进行。但是,如果有的人采取另一种观点,即国家可以合法地执行这一出资(在资源初次分配背景下,这被假定为是不公平的),那么问题将是,为此目的,如何确定对于处在不同经济水平的不同的人应该征税多少,以及总出资应该是多少。

这个问题和公共物品的问题具有相似的结构。由公共责任产生的个体义务的水平,将不仅取决于需要推动或满足的物品的重要性,还取决于潜在捐资人所拥有的资源。设定相关的价值显然存在道德和政治的分歧,但它必须通过某种措施来完成,该措施应允许其和公共物品及私人物品进行比较。对艺术的支持、贫困国家的饥荒救济、国防,以及从住房到假期的私人物品,均必须就美元边际效用进行规范的竞争。

适当的对外援助预算将是履行公民个体义务的资金总额,该义务是相对于其个人资源的其他可能使用而言的。如果在这种情况下,或者是在其他情况下,少于该总额也足以实现一个饱和点,那么我们又回到了如何划分

─────────────

[7]　参见 Rawls (1999a);Beitz (1999);Pogge (1992)。经济全球化对于富裕国家的政府已经提出了一个更加棘手的问题,即富国采取对穷国有利的政策会对本国穷人存在不利影响,哪怕是富国的穷人也比穷国几乎所有的人要优渥。

所产生的道德"剩余"之问题。在这种情形下,如果成本较高,那么人们将会提供少于他们在原则上为了某种目的而需要支出的资金。所以,为公共责任的履行提供资金支持问题的解决方法,与公共物品问题的结构是一致的。

七、结论

因为我们所提供的框架包含了如此多的评估和经验变量,所以其本身并没有明显的税收含义。但它确实意味着,如果我们支持减少不平等,或者向社会中所有成员提供适宜的最低生活标准,那么应将该目标和任何有关公共供给水平的假设区别开来,也应将其和为公共物品提供融资的独立理想目标区隔开来,它以所有个体使公共和私人开支的边际效用均等的方式进行。分配和公私划分是截然不同但又紧密相关的问题。我们主要试图区分对它们的评估有影响的因素。

总而言之,我们强调三点。首先,除了分配正义外,有充分的理由将公共支出的成本按比例,不均等地分派给拥有不平等资源的人。其次,存在比最初似乎是公共物品还要多得多的物品,可以合理地被视为具有公共物品的某些特性,因此是公共供给的候选项,而无需诉诸分配正义。最后,如果一个人可以和大多数人一样接受分配正义的严肃社会要求——即使只通过社会最低限度的供给或均等机会的条件——那么这就变成了一个容易解决的问题,可以通过转移支付、实物公共供给,或者专门针对特定用途而在私人市场可用的补助金券来实现。这甚至可以和强烈的平等主义分配正义观念兼容,即公共供给出于实际原因,应主要在能够使每个人受益的公共物品领域中适用,再分配应该不是通过公共供给,而是主要通过转移支付和公共物品融资的差别税收来实施。

第五章 税基

一、效率与正义

何物应被征税？近几十年来，在税收政策文献中，税基的选择已成为突出问题。这很大程度上缘起于一场关于美国消费税是否应替代所得税的旷日持久之争论。[1] 标准定义中，"所得"包括消费和财富的增长。这场争论最终归结到理论与政策层面的一个重要问题，即资本的合理税收待遇。[2]

所得税与消费税，何者为联邦政府收入的主要来源？这一问题与累进税无关。本章第三部分对此有深入阐述。提到消费税，大多数人容易联想到国家销售税或增值税此类人人缴纳，税率相同的税种。尽管如此，对于奢侈品可能征收更高税，对于食物之类的生活必需品不征或少征税。事实上，消费税多少带有累进税的性质，比方说，假设规定为年度所得税，但所有的储蓄和投资都享有免税，直到其开始消费。对于个人退休账户免税及退休计划中的税收减免，美国人已经很熟悉了。全

---

[1] Messere (1998)，3，报告称该观点在欧洲不再有严重争议，尽管曾经一度饱受争论。

[2] 对于所得、消费和财富概念的阐释讨论，参见 Bradford (1986)，chap. 2。

面实行消费税的途径之一,是扩大豁免的适用范围,以排除未消费的所有收入。

近来,这并不是税基中唯一引起关注的问题。正如存在于消费税和所得税基中,带有政治色彩的各类除外问题,如纳税人是否应在抵押贷款利息支付、医疗保健费用、慈善捐款方面获得税收扣减或赊账? 从更纯粹的理论层面出发,经济学家和哲学家已经提出疑问:理想税基到底是人民的机会还是捐赠? ——无论是消费还是所得,纳税人的潜力与实际状况确有不同。

关于税基,特别是关于资本税收待遇的争论,大多数集中于对效率的关注。很显然,倘若两个税收体系达成同一目标(增加税收来满足公共供给、维护经济公平,或许还提供了某些可取的行为动机),那么税收体系的成本越低越佳。税收体系中,最主要的成本是来自政府和纳税人的行政管理费用。基于此种关联,有人提出,消费税比所得税更简单,而且分摊到个人、企业及税收机关的行政管理费用更少。[3]

在经济学家看来,不言而明的是税收"扭曲"的成本。对于税收而言,扭曲是不受欢迎的激励效应,通过增加社会成本来阻碍可能会产生社会效益的决策。第二章中提及的经典例子,体现的正是消费税或所得税对劳动与休闲决策的影响。[4]如果边际税率减少了额外每小时工作的净利益,使之少于额外每小时的休闲所带来的益处,那么一个理性的工人就会选择休闲。我们在下一章节将会讨论到,替代效应在实践中的重要性尚不明朗。但如果替代效应阻碍工作,税收则同时损害了工人和潜在雇主,他们都失去了获利机会。事实上,由于工作未完成,也就无法征税,无人受益。

然而,诚如该例子所体现的,某些形式的税收扭曲是不可避免的。问题在于,如何使之最小化,使之与税收体系目标的成效相符。[5]税收分析师已经指出"净"税基或"宽"税基的明显优势,即通过最小范围的除外适用来

---

[3] 参见 Bradford (1986),313 – 315。关于此主张的批评性讨论,参见 Paul (1997);关于对 Paul 的回应,参见 Bradford (1977)。关于统一税和现行所得税相对简洁性的综合评价,参见 Weisbach (2000)。

[4] 有关消费税和所得税劳务供应扭曲效应的相似点,参见 Bradford (1986),184 – 185。

[5] 参见 Bradford (1986),179。

使得投资和其他市场行为中的税收扭曲最小化。[6] 可行的重要改革之一将是合并企业税和个人税体系,从而逐渐消除现行税收对于企业债务股本的倾斜,以及公司制下毫无根据的不优惠的税收待遇。[7] 同时,纯收入或纯消费的税基是否对于现行的混合体系更为有利仍有争议,因为这种税基征收部分税收,但并非所有的税收都返回到储蓄中,从而扭曲了投资决定。[8]

我们不要执着于这些重要而富有争议的效率问题。本章所讨论的问题在于,税基的选择是否及如何影响政府经济机构的公平而非效率。我们会考量消费、收入、福利及捐赠的常见种类,且一并考虑除外问题,但与本书第二章和第三章已采用的讨论路径将会有所不同。

二、结果,而非负担

本章大部分论点是否定性的,对税基案件中内在公平的各种争论不予置评。我们认为,对于经济公平而言,税基的选择仅具有工具意义。公正的税收体系致力于在经济制度中寻求可以兼顾公平与效率的空间。由于税收正义与对照税前基线的公平分配税负无关,因此由纳税人的何种税前特点决定税收分享,对税收正义而言并不重要。

因此,比方说,认为资本积累影响支付能力,从而赞成所得税基而非消费税基的观点理应舍弃,以免误导。同样应舍弃的观点是,此种开支并未显示出更高的税前福利水平,故应从所得税基或消费税基中扣除医疗费用。

在第二章中,我们认为,福利的税前分配完全是虚构的,而且与道德无关。因此,福利的税前分配与税收计划是否平等实施、是否成比例、是否有任何其他模式的牺牲来对照作为前述税前基准均无关。除非接受私有财产的自由主义概念,否则无需关注税基在获取纳税人税前"支付能力"或福利

---

[6] 参见 Slemrod and Bakija (2000),184-197。

[7] 参见 Slemrod and Bakija (2000),114-117,239-241。

[8] 参见 Bradford (1986),189-194。

水平方面是否正确。如果特定税基导致了假定税前情形中个体不同的相对地位，那么它本身也并不会造成横向均等的任何问题。

如果拒绝承认税收正义是与税前基准有关的税负公平分配之保障这一观点，那么税基问题将无从解决。然而，对于正义，此观点持纯粹的工具主义：不同税基对于税收制度保障合理社会产出的作用，可能是利好，也可能是利空。手段成功的标准显然取决于社会正义的标准，但两者的关系或许没这么简单。打个比方，正义需要对最糟糕的福利给予特别的关注，即便我们认为消费是衡量福利的极好手段，那也并不是说消费是合理的税基。如果所得对于消费的分配影响更为显著的话，那么所得或许是更合理的税基。

我们通过回顾围绕税基选择产生的一系列关于公平基础的论点，以切入本章主题。

三、消费税基和储户公平

在种类繁多的消费税中，美国人最为熟知的是州和地方零售税。欧洲人和加拿大人熟悉的增值税（即商品和服务税）与之功能相近，这一税种近期在激烈的党派政治论战中被引进澳大利亚（反对派劳动党坚称，由于这对于低收入人群是不公平的，因此在其重掌政权后，必定会将税收回转到原来的状态）。在上述所有情形中，营业税或增值税并非独立税种，而是所得税的补充。在美国激进的税收政策环境中，已经有好几项国会提案严正要求全面废除所得税，并由联邦零售税取代。[9] 这些提案还建议给低收入者贴现，以此抵消对所有人的消费征收固定税这一严重倒退的税制所带来的消极影响。[*]

---

[9] 其中一项提案，作为国家零售税（该美国茶党上场了，是税收足够，该减税的时候了），已经获得能源及商业委员会主席 Rep. Billy Tauzin (R-LA) 的大力支持，参见 www. house. gov/tauzin/cvr. htm (last visited 6/4/2001)；此外，"公平税"（"April 15：Make It Just Another Day"）已经在国会获得 Reps. John Linder (R-GA) 和 Rep. Collin Peterson (D-MN) 的倡导，参见 www. fairtax. org (last visited 6/4/2001)。

[*] 尽管这些提案未必会被当真，但它们不会被忽视。相比这些不切实际的观点，统一税显得更为合理稳健。

争论更为激烈的,是罗伯特·豪尔(Robert Hall)和艾尔文·勒布斯克(Alvin Rabushka)所谓的统一税提案,其在国会获得了众议院多数党领袖迪克·艾米的支持[10],还成为史蒂夫·福布斯 1996—2000 年盛大的自筹总统竞选中的一大卖点。这份方案实质上是增值税,将工资从营业税基中抽离出来,不再按照个人的收入等级征税。[11] 使用"统一"这一用词容易造成误导,因为易被理解为是一个统一的或成比例的平均率。豪尔和勒布斯克写道:"统一税中蕴含的公正原则,是指纳税人的纳税额与其收入成正比。"[12]事实上,提案中包含了个人应纳税收入中的个人免税额,所以正如作者们所指出的,即使只有一项(而非零)税率(19%),也是制度的进步。[13]

将工资从营业税中扣除,以及向个体劳动者征税,其主要目的在于为进步留下空间。[14] 正如经济学家劳伦斯·卡利卡夫(Laurence Kotlikoff)所言,既无需通过贴现,也无需由电子卡片记录购物状况。[15] 一个可能更为进步的变化,是大卫·布莱福特所言的"X 税",不光有个人免税额,还有分级累进税率。[16] 正如这个简短的讨论所明确的,在当下的争论中,前进中的突出问题、累进税率和税基选择混合在了一起。[17]

执行消费税基的不同方法是经由现金流量税或消费支出税。1995 年,

---

[10] 参见 Freedom and Fairness Restoration Act of 1995, H. R. 2060 and S. 1050, 104th Cong. (1995) (sponsored by Rep. Armey and Sens. Shelby, Craig, and Helms)。

[11] 不论哪种情况,雇员都承担工资的税负;参见 Slemrod and Bakija (2000),205。

[12] 参见 Hall and Rabushka (1995),27;同时参见 pp. 25 - 26,作者们讨论了"公平"概念的不同定义,并写道,大多数人理解"公平"概念,意味着"所有人都应当获得相同或平等的待遇"(26)。

[13] 参见 Hall and Rabushka (1996),28。实际上,在 Hall and Rabushka (1995)的第 1 页里,作者们毫无廉耻地为自己论证与他们关于公平税"同等对待所有人"(参见前面的脚注)观点相矛盾的公平理念:"我们的计划对普通美国人是公平的,因为该计划将批准一项针对四口之家的 25,500 美元的无税津贴。"(vii)

[14] 参见 Bradford (1986),76 - 78。

[15] 参见 Kotlikoff (1996),171 - 172。

[16] 参见 Bradford (1988)。

[17] 相关讨论,参见 Zelenak (1999)。

这一方法在尼古拉斯·卡尔德(Nicholas Kaldor)影响深远的著作《支出税收》[18]中得到支持。自从威廉·安德鲁斯(William Andrew)的文章《消费型税收或现金流量个人所得税》于 1974 年发表后,引起了法学理论界的广泛讨论。与零售税一起,现金流量税是由消费观念自然而然促成的。在这样的制度安排下,人们依照表面的消费额或支出费用纳税;个人根据收入缴税,但要扣除纳税年度的储蓄金。消费意味着花钱和减少金钱储蓄,因此储蓄和借款的撤回量也包含在税基中。在美国国会,议员萨姆·纳恩(Sam Nunn)和皮特·德曼尼西(Pete Domenici)在储蓄无限宽免税(Unlimited Savings Allownce,简称 USA)体制下提出了此种方案。[19]

相比现金流量税,很难理解为何"统一税"或"X 税"是消费税。可以从两方面理解:其一,在标准的增值税中,与所得税情况一样,企业会扣除("花费")机器和其他耐用品的成本,而非主张折旧津贴。[20] 实际上,花费是对储蓄的扣除。其二,个人纳税只针对工资,所有的资本回报,包括股息、利润、资本利息,均已免税。总而言之,如果税率是恒定的,那么对储蓄或投资的税收扣除,与对储蓄或投资回报的扣除,从经济上看是等价的。[21]

这种等价可以进一步理解为,任何消费税制中,不是要对财富的增加征税,而是仅对消费征税,免的税收在正常情况下会回流到投资中。[22] 这就是为什么在储蓄和现时消费之间作选择时,消费税被认为是较为中立的。税收的存在不会影响任何一个选择的价值。正是在这一点上,围绕消费税与所得税何者更为公平的诸多争论显得尤为关键。

设想一下,库尔特的工资所得中,有 100 美元可以马上花掉或投资 10%。如果税收被排除在账户外,那么可供他选择的是:现在到手 100 美元,或者一年后到手 110 美元。在所得税中,边际税率为 50% 的时候,可供

---

[18] Kaldor (1993)。Rawls 对 Kaldor 的提案表示出了赞赏,作为整套制度设计的一部分,用于支持他的两个正义原则;参见 Rawls (1999b),246。

[19] USA TAX ACT of 1995, S. 722,104th Cong. (1995).

[20] 正如 Bradford (1986),60 - 64 所解释的,会有一个所得类型的增值税。

[21] 参见 Andrews (1974),1126;Bradford (1986),68 - 69;Graetz (1979),1602 - 1611。

[22] 所谓投资的超常回报或意外回报被征收消费税;相关详细论述,参见 Bankman and Fried (1998),539 - 546。

他选择的是:现在到手 50 美元,或者下一年到手 52.5 美元——只有 5％的回报率,因为和工资一样,他要为利息纳税。根据库尔特的"折现率"——他认为充足的回报率值得将消费推迟一年——税收造成投资回报减半,这或许会影响他的选择。此种情形下,可以看到资本收益中税收的替代效应:税收促使库尔特用储蓄代替现时消费。不像劳动与休闲之选中的替代效应,税收体系是可以采取实际措施来避免"扭曲"的。从税收中免除资本所得,从而在储蓄和消费中实现税收中性。

从工具主义的理性角度看,上述情形似乎令人满意。这是因为,我们认为投资越多,对经济增长越有利。某种程度上确实如此。在其他条件不变的情况下,税收制度应力图鼓励储蓄。可靠的经验证据表明,储蓄行为对于税后回报率并不敏感。[23] 因此,从纯粹工具主义层面来理解消费税基的观点是站不住脚的。

然而,对于股权的独立请求时常出现在上述关联中,这也是我们特别希望审视的。[24] 可以想象,尽管通过税收可以获得 50％的回报,但是库尔特仍然选择了一年期的储蓄。[25] 对比贝尔特,他有同等的收入和财富,但即使他的投资收益免税,他也不会在利率 10％的时候选择储蓄。与库尔特不同,贝尔特并不完全受资本收益税的影响。所得税对库尔特产生费用,但对贝尔特不会,仅仅因为贝尔特更偏好储蓄,这被认为是不公平的。[26] 当这一点被毫无掩饰地表达出来时,是非常令人困惑的。正如马斯格雷夫指出,消费而非所得是适当的税基这一观点,似乎被当作了先决条件,而非仅仅只是个观点。[27] 当然,如果公平的税收返还给储蓄,那么这么做是不公平的。

现在有个横向均等的主张,即在某种关联意义上,贝尔特和库尔特被设想同样处于不征税的世界中,但他们在所得税方面未被平等对待。在前面的章节里,我们已经阐释过,为什么"不征税的世界"这一想法是不合逻辑

---

[23]　参见 Slemrod and Bakija (2000),112 - 113。

[24]　关于该主张的深入调查,讨论的是负债,参见 Fried (1992)。

[25]　我们有关公平主张的阐释,遵循的是 Bankman and Griffith (1992),380 中的观点;关于使用现金流消费税的例证,参见 Fried (1992),963 - 964。

[26]　参见 Andrews (1974). 1167 - 1169。

[27]　参见 Musgrave (1959),161 - 163。

的。但为了审视这个主张,让我们姑且假设,在一个合理存在的世界里,人人有权处置自己的全部税前资源。

既然问题所在恰恰是税基,那么声称对所得征税不平等的这一观点,必须建立在除所得或消费以外的比较基础之上。福利似乎是天生的候选人,但它实际上不合适。因为即使库尔特和贝尔特在所得与福利方面处于同等水平,不管是当下年度还是长远来看,也不能说他们在不征税的世界里是同等富裕的。可以确知的是,考虑到贝尔特的贴现率,即便无税收,也不值得他去储蓄,但对库尔特则正好相反。这并未得出任何关于库尔特和贝尔特的相对福利水平的结论,无法得知他们是否相同。[28]

简单假设,尽管各自的贴现率不同,但库尔特和贝尔特的收入及福利相同,在不征税的世界里大致同等富裕。即便如此,主张两人应同等纳税,以便维持此种平等的观点,明显违反了不得将福利的税前分配视作重要道德基准的这一底线。为了检验这一点,很值得深入探究"储蓄者之公平"的主张。在现有的最好版本里,该主张来源于一套可以合理解释上述底线的公平理论。对"储蓄者之公平"这一主张的后续评价,促使人们继续探讨是否存在适用于税收平等传统标准范围的看似合理的正义理论。

四、作为平等自由的公平

在布拉德福德关于储蓄者公平的经典论述中,显性前提是,税收不应改变储蓄者和现时消费者在不征税的世界里所享有的机会与选择之价值。[29] 换言之,如果(虚拟的、无政府干预的)市场支持库尔特而非贝尔特的选择,作出可行的储蓄选择后,税收负担对于库尔特会相对更不利。更准确地说,该观点认为,只要库尔特和贝尔特的收入及财富相同,他们就享有消费和储蓄的同等机会。横向均等要求,不得使某一人的税收负担重于另一人。正如布拉德福德所言,该观点对储蓄并没有特定偏好;这一想法将是同样不公

---

[28] 参见 Fried (1992),1012 - 1015。

[29] 参见 Bradford (1986),154 - 167;同时参见 Andrews (1974),1167 - 1168。

平的,食品的税负重于服装,因此相对于爱好打扮的人而言,好吃的人们受到了惩罚。[30]

很显然,税前市场成果的底线在此被赋予了"道德上的意义"。在某种程度上,食品和服装的相对市场价格理应如此。但如果要通过税收来改变,对任何人而言都是不公平的。与认为产生于市场的福利分配是推定公平的观点不同,布拉德福德认为,市场产生的所有机会范围内的相对价格都是推定公平的。或者说,他推定的前提是,假设所有人都享有平等的资源来充分利用这些机会。[*]

资源平等的这一重要设想表明,关于公平的平等市场基础观点和罗纳德·德沃金的观点非常相像。[31] 德沃金观点的基础和细节是相当复杂的,但很明确的是,平等市场下的社会是公平的,不管财富最终是如何分配的,人人均是凭借同等财富和人力资本来开启生活。如果一个人想要享受更昂贵的食品和服装,这或许会影响他们的相对福利,但并非是由不公平导致的。此种状态下,可以说人们获得的是他们所负责因素的那部分功能,但对于该状态引起的再分配是无法保证的。[32] 尤其是,在平等市场的社会中,如果贝尔特因为不爱储蓄而没有库尔特富有,那么就是贝尔特自己的问题了。同样,对一个全职的冲浪运动员而言,如果他以与他人同等的资源开启生活,现在却因为他没有选择回报丰厚的工作而过得比别人糟糕,这只能怪他自己当初没有选择好。

我们把上述讨论的观点称为平等自由主义,但并不是说布拉德福德或

---

[30] Bradford (1986),155.

[*] 理查德·爱普斯坦欣然接受无平等资源约束的税收中性原则。"税收中性的理想仅仅是规定,在尽可能的情形下,应当对参加各种活动的个人保留相对优先权。此种状态的功能在于保护自由和财产。这样做并非为了帮助某个群体变相使用个人的自然禀赋。"(爱普斯坦 1987,55)

[31] 参见 Dworkin (2000)。此类观点被 Eric Rakowski 应用于税收正义问题;参见 Rakowski (1991,1996, and 2000)。参见 Rakowski (2000),347-357,或许这是关于储户公平的观点最清楚、最综合的陈述。

[32] 不考虑 Dworkin 观点中重要的复杂性,思考一下与不同类型运气有关的相似观点,思考将会扰乱持股分配公正的"原生运气"转化为不会扰乱持股分配公正的"选项运气"这一过程中保险的作用;参见 Dworkin (2000), chap. 2.

德沃金会赞同此种粗略的描述。之所以称为平等主义,是因为该观点坚持所持有初始资源的平等性;之所以称为自由主义,是因为该观点将平等起点下的市场成果推定为公平。该观点背后的道德观可能是理想市场状态会让人们获得理应得到的酬劳,这通常被理解为权利本位理论。人人都在资源相同的起点上——即便各自的终点是不平等的,如成功的律师比失败的诗人或其他贫穷的人更为富有——人们基于各自的选择而得到结果,这样就是公平的。换言之,获得了真正平等的起点后,人们在同等自由下各自作出选择,但不能抱怨这种选择所造成的市场报酬差异。此种以市场基础为标准的责任是否需要在赏罚的更高水平方面,或者是在个人选择满足他人集体偏好的程度方面获得合理依据,是我们未考虑的问题。[33]

该观点很鲜明地认为,理想的税基是捐赠。布拉德福德很明确赞同该观点,即理想状态下,因为享有同等的人生机会,冲浪运动员应和贝尔特、库尔特缴纳同样的税。[34] 我们将在第八章中单独讨论捐赠税。

尽管我们不认为公平的概念是正确的,因为它过于看重个人责任,但在此,我们不会追求分歧。我们想要强调的是,即使基本的道德观念已被接受,平等的自由主义还没有被接受,我们也还是会支持储蓄者公平的观点。这也不会影响对税收正义理论中的税前市场成果基准之异议。

储蓄者公平的观点理应是这样的,即一般认为,只要人们在起点上享有同等的财富和人力资本,他们就应该对照税前的市场成果承受同等税负。该主张中的特定含义是,任何人都不应该因为其更偏好储蓄而非现时消费,从而承受更高的税负。如果该普遍主张是对的,它似乎是直接反驳我们的立场,即税收正义并非抽取同等的(或任何其他分配)牺牲作为税前基准来衡量。不遵循该立场的原因很简单,那就是在没有政府干预的情况下,人们不可能在起点上享有同等的财富和人力资本。

为了建立公平、平等、自由的社会,国家将要采取更多措施来保证初始

---

[33] 更进一步的讨论,参见 Fleurbaey (1995); Murphy (1996); Hurley (forthcoming)。
[34] 参见 Bradford (1986),156。

资源的平等。[35] 一定程度上,这可以通过重新分配财富的所有权和提供免费教育(这是必须的,因为孩子无法为他们父母作出的选择承担后果)来实现。但对于生来就无法平等获取的人力资本,国家无法在形式上保证所有人平等。当然,必须通过税收转移体系来弥补那些在罗尔斯所称"自然彩券"(Natural Lottery)的抽取中不那么幸运的人。现实世界中,当公共教育体系无法为那些同样有才华和勤奋的人提供平等机会,通过税收转移体系来弥补将成为必然。

简而言之,现实中,不存在作为平等机会下的平等资源使用之结果的税前分配。税收正义不能简单地通过实施平等负担来对照这样的基准。税收是国家基本制度中必备的部分,基于平等自由主义理论,税收要为市场创造无论何种情况下都保持公平的先决条件。[36] 任何类似平等自由主义的理想都只能存在于税后世界中。既然如此,就不存在独立的税收正义问题,与税前成果相关的平等牺牲原则或许能提供答案。

然而,平等自由主义能解释作用更有限的平等牺牲原则。在第四章中,我们认为公共物品征税问题,在理论上与分配问题存在极大不同,尽管税收的这两种功能在实践中交织在了一起。我们认可的方法是采取假定公平的分配,并确定一个有效的公共产品分配基线。同样的基本方法对于平等自由主义也是可行的,资源的假定平等分配可以作为平等牺牲应用的基准,平等牺牲同时是衡量公共产品资金公平的标准。当然,这不是对作为税收正义一般原则的平等牺牲原则所进行的改造。所使用的基准不是税前成果,而是资源的假定理想分配,其原则范围被限制在税收的某项功能中。

此外,平等牺牲原则的作用可能有限,不足以支撑储蓄者公平主张。即使我们生活在政府机构提供了平等起点的社会里,也不能说在假设的公平世界里,所得税会不公正地改变机会的价值。正如本书第七章将要描述的,

[35] Bradford 支持累进消费税,却认识到事实上,人们并不处于平等的起跑线上。参见 Bradford (1980),108。

[36] Dworkin 关于税收在保障正义中之角色的相关解释,参见 Dworkin (2000), chap. 2. 37。Fried (1992),999。

所得税作为提供平等起点的最佳手段,在公平观念中,没有理由将其排除在外。因此,可以肯定的是,如果税收负担的一部分资金用于公共物品而不是重新分配,那么将是不公平的。除了这一事实,很难看到此结论是如何用于实践的,不公平现象影响范围的有限性大大削弱了它的力量。

无论如何,我们终究没有生活在平等自由的理想社会里,也没有生活在通过经济制度可以达成此种理想状态的社会里。因此,我们无法在不平等的真实世界市场里伪装机会是公平且不受税收干扰的,也无法在此伪装之下讨论税基。此处重构的储蓄者公平观点,只有在平等自由主义的乌托邦里,才能有所进展。

反对储蓄者公平观点有两个深层理由。首先,提出的观点是批判工资收入课税的,与反对资本收入课税的理由相同。消费税努力做到对储蓄者公平(与挥金如土者相比),但对劳动者来说仍是不公平的,因为它惩罚的是那些工作更多,消费也更多,而休闲更少的人。正如芭芭拉·弗莱德所指出的,在此种综合标准下,毫无公平合理可言。[37] 只有一个途径能避免此种对劳动者的不公平,那就是实施一次性税或人均税,即对所有人征收数额相同的税;或者是捐赠税,即根据潜在收入,对每个人征收固定数额的税收。几乎没有一个选择是貌似合理的。但是,如果基于该理由,劳动者无法获得公平,那么就毫无理由通过储蓄者公平的观点来认为整体公平是先进的。在多重不公平的世界里,如果只去除一种不公,那么会使得世界整体而言变得更不公平。

其次,正如第二章所说,税收体系并非政府用于影响市场作用下各种选择之相对价值的唯一手段。利率规制影响储蓄回报,交通政策影响不同投资决策的相对价值。[38] 因此,即使机会平等在某种程度上是这个自然世界的一部分,并不需要政府机构来保障,在政府经济政策中将无政府干预的纯市场世界作为公平基准的理想也注定只能是空想。

将反对储蓄者公平的所有理由一一分析之后,你或许仍为直觉的力量

[37] Fried (1992),999.

[38] 参见 Fried (1992),1007-1008; Bankman and Griffith (1992),382。

所影响：对食品征税高于对服装征税难道不是明显不公平的吗？较之于偏好服装消费的人，这样对偏好食品消费的人不是更为不利吗？如果是这样，那么为何储蓄者不会有同样的担忧呢？先进的想法表明，食品征税比服装征税更多，这并非其本身的不公平。这个想法认为，在假想的市场里，食品和衣服的相对价格就是其本身的价值。当然，武断地对某些消费品征收更重的税是无法令人信服的，而且这显然是对某个特定产业毫无根据的偏袒。但如果这种税收上的区别待遇是为达成某些受人尊敬的社会目标（在上述情形下是毫无可能的），那么从公平角度出发，此种区别待遇获得立法就能说得通了。

类似地，税前储蓄回报率，选择直接相关的税前费用而非未来消费，这作为理想市场下的结果不具有推定正确性。所以，本身在税收中就不存在影响那些成本间关系的不公平。是否合乎情理，取决于所产生的影响。

五、赏罚和资本积累："公共池"

然而，关于不得不处理的消费税，还有另一种易受攻击的观点。尼古拉斯·卡尔德（Nicholas Kaldor）写道，消费税比所得税更合人意，因为"这是根据人们从公共池中取走的数额来征税的，而非根据人们放入其中的数额"。[39] 此种关于税基的独特伦理观念，已经很有影响力了。[40] 卡尔德并不认为消费会鼓励储蓄。相反，他主张，由于储蓄对社会有益，因此对储蓄者征收更重的税是不公平的。

对于卡尔德的主张，反对者的观点很明确，即只要是有效投资，个人的财富对社会的影响就有利于社会公益，但这并不构成"公共池"。正如很多

---

[39] Kaldor (1993),53.

[40] 对该主张的最清晰的论证支持来自 Charles Fried (Fried 1978,147 - 150)；同时参见 Andrews (1974),1166。Stiglitz (2000)将此称为"反对将所得纳入公平税基的最强有力主张之一"(470)。作为"正义的常识性规则"获得了 Rawls 的温和支持(Rawls 1999b, 246)。

观点所言,个人仍然安全地持有私有财富。[41] 财富可能会用于生产目的,但仍在私人控制下。此外,将消费描述成从公共池里取走东西,就像消耗品的数量是固定似的,某人买走了一件 T 恤或一个三明治,留给其他人的可买量就少了。这种描述其实是不准确的。消费刺激生产,同时对刺激社会产品的投资增长也是至关重要的。

关于此观点的看似更合理的诠释如下:通过将私有资源用于生产,投资促进了社会福利,并应因此获得鼓励和嘉奖。即使与所得税相比,在实践中,消费税并没有提高储蓄率,基于伦理角度它也是更好的,这仅仅因为它没有惩罚任何储蓄者。储蓄有利于社会,"值得嘉奖的行为"[42]不应被征收更高的税。

关于消费税基,有一个过时的观点认为,不应放弃市场嘉奖,这样才能为纳税的横向均等提供基准;储蓄者和现时消费者相比,前者的经济状况更好,至少不会更糟。储蓄者公平的观点建立在这样的假设之上,即税收代码不应惩罚那些最终实施消费行为的储蓄者。公共池观点则相反,认为某些消费行为更值得嘉奖,税收代码应对此有所反映。

资本积累的道德化历程有着辉煌的历史。以下是亚当·斯密的观点:

一个节俭之人每年储蓄,他不光是为维持当年的生活或为下一年额外的收益买单。而是如同公共济贫院的创始人一样,他为长期维持收支平衡,设立了永久性基金……花花公子挥霍了这笔资金……由于入不敷出,他的资本在变少。他就这样亵渎地挥霍神圣的基金收入,他用祖辈勤俭节约下来的这些资金为自己的游手好闲买单。[43] 就像是,奉献给了勤勉。

然而,斯密并没有主张用节俭美德来取代消费税基的优势。

即使我们赞同在道德意义上,储蓄者比消费者更具优势,主张用道德评价代替消费税基的观点也是缺乏说服力的。将税收和道德义务的某些方面联系起来是不公平的。还有很多其他途径比资本积累更好。事实上,在节俭的行业里,资本主义道德理想传达出这样的讯息,即对辛勤工作的征税不

---

[41]　参见 Warren (1980),1094 - 1095。

[42]　Kaldor (1993),53.

[43]　Smith (1789), bk. II, ch. III.

应比懒惰的更高。当然,这只发生在消费税情形和所得税情形同样确定的前提下。因为对于懒惰者而言,赚的越少,花的也越少。

普遍的观点是,税收政策不应由碎片化的直觉来评价。如果说人们的利益与税收设计相关,那么必须在与社会公平相关时才是如此;这不得不依赖于公平理论和对经济制度总和理论的充分考量。消费税中的公共池观点,就是关于狭隘的困扰税收理论的经典范例。

在一份最终的历史报告中,卡尔德将公共池观点归属于霍布斯,并从《利维坦》一书中引用了以下语句:

考虑到这一点之后,就可以说税收的平等与其说是取决于消费者的财富均等,倒不如说是取决于消费本身的均等。因为如果一个人劳动多,但又为了节约劳动成果,消费很少,另一个人则生活懒惰、赚的少,却把得到的一切全都花光,而他们从国家方面所得到的保护又谁也不比谁多,那么试问:对前者征税多而对后者征税少又有什么道理呢?但如果税收按消费品摊派,每一个人便都要按自己所耗用的东西平等地捐纳,国家也就不会由于私人的奢靡浪费而蒙受损失了。[44]

尽管很多语句都印证了卡尔德的观点,但这篇文章并没有支持公共池理论,也未支持用于选择消费税基,以赏罚为基础的理由。在最后一句引言中,霍布斯似乎在暗示,收入税基会鼓励浪费而非储蓄,这是支撑消费税基的纯工具主义观点。其余的引言需要放在原文语境中理解。在这篇文章开头,霍布斯主张税收正义的受益原则。他对于消费税基的主张因此可以被解读为,与所得税基相比,消费税基是国家保护下更好的获益手段。

于是引出了下一个话题:资本积累本身在何种程度上会使个人福利增长?这是否能解释所得比消费更适合作为税基?

六、财富和福利

消费税基的反对者有时会主张,既然更高收入者的消费在其收入中的

---

[44] Hobbes (1651),chap. 30.

占比,相对更低收入者更低,那么消费税基其实是令人反感的倒退。[45] 此处还有一个纵向均等的观点。正如横向均等观点偏向消费税基,如果仅仅是将所得税基作为比较指标,那么此种观点会出现不少问题。所以,我们需要这样解读此观点:财富的增加,而非消费,可以增加福利;因此,用消费税代替所得税可以减轻高水平福利享有者的税收负担,但这是以低福利享有者的境况变糟为代价的。

正如布拉德福德(Bradford)所言,此种观点真正说明的是,在税率相同的情况下,用消费税取代所得税是退步的做法。[46] 如果随着收入的增加,消费占收入的比例降低,那么不管既定的所得税规则下税负如何分配,消费税中都应当保持更为先进的税率结构。

上述观点有两种表述:第一,实践中,累退效应难以避免。如果是为了维持课税收入,并达到期望水平的累进税率,那么消费税下的累进税率就要提升得足够高,以便使立法者知难而退。实践证明,任何转向消费税的行为最终都会被证明是倒退的。这可能是一个非常重要的问题,我们将在第九章讨论类似的政治实践考量。

第二,该观点可以限缩为,不同收入的两人有着相同的消费水平。[*]可以说,消费税并未达到纵向均等,因为它向并非同等富裕的人征收的是同样的税。[47] 正如我们反复提及的,税收公平及保障,与福利税前分配相抗衡的税负特殊分配无关,而是取决于对整体结果的促进,即便此种狭隘的观点应当被驳斥。但仍有一个重要的潜在问题。只要福利水平与社会结果的公平相关,就会决定财富是否会影响福利。如果财富对社会公平能产生重要

---

[45]　关于不同的储蓄率,参见 Hubbard, Skinner, and Zeldes (1995),364 - 372。

[46]　Bradford (1986),162.

[*]　即便花上一生的时间将合适税基作为对比,结论也确实如此(参见第七章,第四部分),不应该假定收入更高的人在去世前会花掉所有收入和福利。

[47]　参见 Musgrave (1996),733 - 734。即便是 Andrews,最有影响力的现金流消费税支持者之一,也写道:"难以接受的是,将消费作为唯一依赖的个人税基,因为对于有些人而言,财富具有的福利价值超过其可能支持的延后消费,并且消费税只有以有形形式才到达消费层面。这是反对把个人消费作为唯一依赖的最强有力主张。"(Andrews 1975, 956)

影响,那么税基的选择就必须对结果中的财富分配效应保持敏感。

大多数分配公平理论关注人们的富裕程度,无论是相对的还是绝对的。这些理论认为,福利是个问题,其分配中的某些不平等是不可取的。尽管对于福利的某些组成部分——诸如健康、教育、休闲和寿命——可以被直接度量,但其他的很多部分必须通过度量其达成的途径来猜测——途径诸如收入、消费和财富。

但问题并不仅仅在于某种度量。正如第三章和第四章所提到的,经济政策必须充分利用某些度量标准来估算不同的制度安排对人们生活质量的影响,但是并不存在所有人都能接受的单一标准。

当人们宣称公共资金资助的健康医疗并未使他们的生活更好时,政府应当如何应对?

一种选择是,按照完全行得通但不可避免会引发争议的人性理论行事。另一种选择是,在可行的情况下,抽象出福利组成部分中的分歧;因此,罗尔斯倡导的包含了收入和财富的"社会基本善"的衡量标准,被理解为追求善之价值观的通用途径。任何一种选择都有其自身的问题;毫无疑问,最佳的解决方式存在于其中。我们无法公平对待衡量标准中的复杂问题,但我们应该认识到,与财富相关的正确问题并非"根据最好的财富理论,财富能否使人们的生活变得更好",而是"在社会成果集体政治评估的最合适衡量标准中,财富能否定位好"。这表明,使用的衡量标准应当尽可能是无争议的。

几乎所有人都理所当然认为,明确的(也就是付费的)消费是最佳衡量标准的一部分。在大多数的福利中,人们在商品和服务上花费更多(还要考虑到每增加一美元的价值递减),他们就越富有。然而,显而易见,财富是福利的独立来源,除去财富可能即将被消费掉这一事实。正如亨利·西蒙斯(Henry Simons)1938 年的著名格言:"哪里有资本积累,哪里就有推迟消费的遗憾。"[48] 评论家们通常将影响因素归为安全性、政治权力和社会地位。[49]

---

[48] 参见 Simons (1938),97。

[49] 参见 Schenk (2000),463 - 464,及其相关参考文献。《米德委员会报告》引用了"安全、独立、影响与权力",参见 Institute for Fiscal Studies (1978),351。

即使从未消费,财富也有助于福利。众所周知,这在个人经济危机中有所体现——可能是失业的情形,亦可能是医疗保险不足所引起的医疗紧急事故。在美国及政府安全网正在失灵的其他地方,现在的趋势是,财富作为安全保障的重要性更为明显。

在美国,财富可以通往政治权力之路,这是因为财富对政客资金可能产生的巨大贡献会带来特殊待遇。然而,从福利角度的重要程度比不上从民主进程的角度看,财富的巨大差距会引发腐败,这早在公元前 4 世纪就已经为亚里士多德所指出。[50] 基于此理由,财富是否应成为税收目标? 这是存疑的。因为对政治献金的有效管控,似乎是更有效的解决方式。

对有些人而言,富裕是独立可取的安全因素。很多人从财富中得到的满足实际上是相对的。[51] 事实上,变得富有的想法也是相对的。所以,"社会地位"可以合理表述财富对福利之贡献的某一方面。基于同样原因,财产会通过相对剥夺感来减少福利,除了严苛的物质缺点。

尽管激励效应可能会有经济上的助益,但是这些纯粹因对比而引起的担忧对我们的激励程度,未免令人感到有些遗憾,特别是对那些不贫穷的人而言。或许整个现象就是不合理的,何况富人也没有仅仅因为更有能力就变得过分富裕。然而,社会地位中的相对优势,确实对那些没有太多财产的人造成了损害,这是一种耻辱。处理此问题的合适方法将需要对社会阶层普遍现象进行严肃讨论;尽管我们无法在此深入讨论该问题,但可以说财富不平等对社会阶层的影响会在福利的合理衡量标准中得到反映。不均等的消费水平对社会地位的影响甚至更显著[52],但财富显然扮演了独立的角色。

另一方面的主张也需要得到回答:储蓄和财富从属于消费,并且两者的价值完全来源于消费。通常,人们在青年时期借贷,在收入最高的中年时期储蓄,在老年时期减少储蓄。储蓄的明确目标之一,是将消费从人漫长的一生中去除。[53]

---

[50]　参见 *The Politics*, bk. IV, ch. ix; 同时参见 Rawls (1999b),245 – 246.

[51]　参见 Veblen (1899)。

[52]　参见 Frank (1999 and 2000)。

[53]　在本段及后续段落中提及的相关问题之有益概述,被经济学文献广泛引用,参见 Bankman and Fried (1998), and Fried (1999b)。

有经济学家断言,所有的资本积累都可以这样解释:由于无法准确预测死亡时间,这才导致了死后会遗留财产(假设能预测死亡,那么即使是作为证券保存的财富,也会在最后的消费狂潮中被使用殆尽——尽管财富殷实,狂欢作乐就只不过是加速了一个人的死亡)。

然而,此种极端情况下的"生命周期模型"无法解释巨额遗产或年金保险需求明显不足的现象。[54] 经济学家并不认可美国资本积累百分比估算中由赠予或遗产引起的数值,但认为平均到 50% 的估算值是正确的。[55]尽管存在许多狂热企图以狭隘利己主义来解释所有此类转移(这引发了父母和孩子之间的隐式交换条件),但排除了家庭成员之间明显利益动机而得出的结论是不可信的。这不是非理性偏好。拥有使心爱之人获利的能力,对于赠与者和获得者都是有益的——这是财富对福利有所助益的深层方面。显然,财富对于人的安全、社会地位和使家人获利能力的影响,理应被评估社会成果的合理衡量标准所承认。[*]

原则上,财富相对标准可以通过法律体系的其他方面进行调整,但最有效率的手段毫无疑问是税收法典。[56] 财富与福利关系的要点在于,理论上将重大不平等视为初步不良。其他条件相同的情况下,孤立的消费税并非提升分配正义的好手段,因为这会促进财富不平等积累。

这引发了一个问题:更优的选择是否是所得税,或者是与年度财富税结合的消费税?然而,这是一个纯粹的实用主义问题,理由在于,当涉及资本税收时,所得税和财产税是大致均等的。资产价值年度税与更高税率的资产收益年度税是大致重复的。[57] 因此,在所得税和消费加财富税之间进行选择时,要在全盘考虑的前提下,对比哪一税种更有效率。[58] 对于资本税

---

[54] 参见 Kotlikoff (1989),79 – 80;同时参见 Fried (1999b),651n. 24 及其相关参考文献。

[55] 参见 Fried (1999b),642。关于该场争论中主角之一发起的广泛讨论,参见 Kotlikoff (1989)。

[*] 然而,此种特定作用可以通过单独的财富转让税来直接强调,或者通过将财富转让算作赠与人消费的形式转移——此问题将放在第七章中讨论。

[56] 参见 Kaplow and Shavell (1994)。

[57] 参见 Shakow and Shuldiner (2000);Schenk (2000);Bankman (2000)。

[58] 参见 Fried (2000),这是在 Rakowski (2000)中与财富税相违背的正义基础的相关评论。

收引起的其他实施难题,如实现需求和单独企业所得税体系,我们不持任何立场。

现在,关于资本积累税收的实施,转向了一个完全不同的问题。事实证明,所得税或财产税规则对金融资本回报的负担能力是有限的。至少在理论上,资本积累还包括"等待中的回报"——零风险回报率。原因在于,根据所得税或财产税下资本损失的可抵扣程度,无论税率是多少,投资者都可以重新布局投资组合,以保证预期的税后回报率只在全额投资无风险回报与课税等价的情况下才会减少。[59]

暂且不考虑应用于实际税收代码和实际投资方的理论观点,它的潜在含义更为重要,因为从历史上看,真正的(即扣除物价上涨因素后)的零风险回报率一直很低。在美国,从 20 世纪 40 年代开始就低于1％。[60] 这并非获取巨额财富的途径。可以理解的是,消费税的众多倡导者们主张,即便原则上财富应当被征税,所得税基和消费税基在这方面的微小差异也无法为所得税基提供强有力的论证支持。[61]

然而,如果仅仅考虑财富积累中所得税的直接影响,将无法解答这个问题。所得税促进公平不仅仅是通过税负分配,还通过提高税收。当然,这可用于再次分配的目的。尽管投资者可以避免高于无风险利率税的回报率下降,但这也不意味着风险回报逃避了课税。

为了避免风险回报产生的税负,投资者不得不提高证券投资组合的风险。损失产生了免税,政府共同分担了增加的风险,这就是再分配的结果,尽管投资者的预期税后回报会徘徊在无税时的水平;预期税前回报上升,预期税收也上升,尽管也伴随着更高风险。政府成为风险投资中的伙伴,所得税结果的可取性也是问题的一部分。疑问重重:(a)此类课税无法抑制通过风险回报(从历史上看是财富的主要来源)进行的财富积累的话,是否很糟

---

[59]　参见 Bankman and Griffith (1992); Bankman and Fried (1998); Cunningham (1996)。人力资本和金融资本的超额利润在所得税基与消费税基下都会被征税;参见 Bankman and Fried (1998),539 - 546。

[60]　参见 Cunningham (1996),21。

[61]　参见 Bradford (1997),224 - 225。

糕?(b)此类课税会促进投资风险的增长,是否是坏事?(c)此类课税使得税收依赖于更高风险的回报,是否是坏事?

这些问题的答案并非显而易见。正如班克曼(Bankman)和格里菲斯(Griffith)所言:"税收风险溢价的确定,需要更充分的理论来论证政府如何向公民拨回有关年度评税。"[62]这陷入了关注点过于狭隘的危险之中,过分关注了纳税人所承担税收的直接影响。将此种税收放在更大背景下讨论很重要,包括税收收入如何使用的问题。在近期联邦盈余的产生中,风险回报的税收收入扮演了重要角色,这是由于股市利润暴涨。由于经济预测是不准确的,因此任何情况下都无法避免税基中的重大风险。所得税中,投资损失的纳税人抵免行为引发的风险是否会上升到无法接受的地步,取决于当风险加剧时,如何为了政府行为受益人的利益,转化不得不缩减政府开支的后果。

我们仍然面临这样的问题,即来源于财富积累、收入和财产的课税收入,无法持续限制来源于风险回报(主要来源)的财富积累。[63]正如第七章所讨论的,财富的转移课税可以通过获得无偿收入的方式,达到财富积累,受赠人税基中的此类收入也可以包含在其中。但这显然只是部分解决方案。从正义角度看,这会多大程度上限制财富的可行税收呢?

某种程度上,这取决于财富基础带来的保障和社会地位对于个人福利的贡献,还取决于在多大程度上,财富的纯粹相对差异会减少那些财富更少者的福利。总体上说,我们坚信,相比自上而下地减少不平等,应当更多着眼于提高那些资源更少者的绝对水平。所以,如果所得税或财产税产生的课税是用于前一目的,那么是否同时达到后一目的并不重要。

最后一点,或许社会成果最好的衡量标准是拥有一定数量的财富,从而使得福利比消费更高或更低。(无因的公平是存在的,财富和消费税必须联系起来,因为它们以单独税率适用于所有形式收入的所得税中。[64])两者的

[62] Bankman and Griffith (1992),392-393.
[63] 问题的程度及准确属性取决于哪些投资损失可以扣除,并且投资者可以在无重大花费的情况下作出所需投资组合的调整,参见 Bankman and Griffith (1992),397-403。
[64] 参见 Schenk (2000),473。

关系可能会有所不同,取决于不同水平的消费和财富。因此,凭借其额外的购买力,首席执行官或篮球明星薪水中额外的数百万美元并不会受到影响。就社会地位而言,也许在这个水平上,财富比消费更重要;在某个节点之后,甚至连留心他人消费的观察者也没有注意到其中的差异,但人人都能明白净资产一亿美元和两亿美元的差别。[65]

七、财富与机会

根据平等自由主义,公平包括了市场经济中的机会平等——机会平等意味着存在影响市场回报率的所有可能因素,但也意味着个人不承担责任。将机会平等作为公平原则,还有其他更为有限的版本。观点之一是,机会只有在消极意义层面上才是必须平等的,没有人会因为种族、性别或宗教信仰而被任意排斥在职场或者经济交往之外。这就是传统的自由原则,即"职场向有才能的人敞开"。

值得注意的是,更为体现平等主义的,是罗尔斯所称的"公平平等机会"原则。此原则强调,不仅不能任意设置障碍,而且还要保证天资类似者拥有平等的初始机会,提供平等的物质基础和教育起点——给站在人生起跑线上的人一个公平的竞争环境。但此种标准仍然允许基于不同天资而产生的差异酬劳。

"职场向有才能的人敞开"其实是对完全成熟的自由主义的次要调整。这是均等机会的弱形式,暗含了激进和持续的不平等结果。如果是作为分配正义结果的单一标准来使用,在今天没有人会接受。相反,平等自由主义和公平平等机会具体包含社会成员平等机会的更多实质理想。[66]

根据此类正义理论,财富的重要性并非源自其对福利的贡献,而是来自

---

[65] 强有力的防守性想法认为,财富边际价值的下降比消费边际价值的下降更为缓慢,参见 Carroll (2000)。

[66] 正如 Philippe Van Parijs 的"左倾"或"真正的"自由主义,根据一个正义社会所保障的"每个人都有最大的可能机会去做任何想做的事"(Van Parijs 1995,25)。在 Ackerman and Alstott (1999)中也能找到类似观点。

它对人生机遇的决定作用。显然,在资本主义经济下,有财富者比无财富者拥有更多机会来追求自己的利益。机会的表面平等要求在人生起点上应当财富均等,并且在人生过程中,财富积累的机会也应当平等。如果公平环境优先,财富转移产生的影响将是彻底的。暂且搁置此类政策中无法避免的实际障碍,首要的初步理想将是,赠予行为应被严格限制,普通人群中的财产将被重新分配,以便所有人都能拥有相同的人生起点。在第七章中,我们将会继续讨论该问题。

由投资收益积累而来的财富税收所产生的影响是不同的。倘若人们真的在起点上享有相同的财产和教育利益,那么忽略赠与和财产,公平平等机会理论实际上不需要税收来调整市场收益,也不需要调整财富或消费。然而,还是需要数量可观的再分配税收来为所有人提供平等的教育和培训。

相反,平等自由主义要求额外的再分配来弥补因自然禀赋差异而造成的市场收益的不同。然而,根据这些理论,无论是否将财富包括在此类税基中,公平似乎都是无因的。它们认为,如果没有相关的机会平等,消费、收入和财富的普遍分配是不公平的,没有原则性理由来支持对某人而非其他人基本经济生活的某些部分征税,再分配税收应当利用税基中效率最高的任意组合来丰富机会平等相关概念的内涵。根据这些观点,税基的选择,至少在再分配目的上是完全务实的。

八、捐赠与自主权的价值

如果被包含在机会平等中的分配正义,不知如何下定义,那么因人们如何选择使用相同机会而带来的差异就不会产生公平方面的问题,由此,税负似乎也不应取决于人们的选择。对于潜在收入相同但实际收入不同的两个人,实际收入更低的人不能因缴纳了相同税收而抱怨,因为只要涉及经济公平,他们就是处于平等位置的。从这个角度来看,实际上,不公平的是所得税,因为它惩罚了特定的选择:流浪汉享受休闲免税,而NBA球星要想享用鱼子酱和香槟,就必须将购买费用中的很大一部分贡献给国库。正如第二章所言,还有效率观点支持对赠与进行征税:作为一次性征税,潜在收入的课税并没有副作用。在一次性税种中选择,似乎比人头税产生更为显著的激励效应。[67]但最终,无人为赠与税辩护。

不容忽略的问题是,政府无法搜集与人们潜在收入相关的必要信息。然而,道德异议者认为,赠与税会强迫那些无法离开工资收入生活的人们。同样,也会给许多更愿意在毫无兴趣的职业生涯中谋得更低薪酬职位的人们施压。[68]

对于拒绝将福利作为分配收入评估标准的平等机会理论者而言,包含在其中的行动自由价值在道德语境里必须得到理解——也许理解为不侵犯他人权利前提下为所欲为的权利。如果理论认同的他人权利是狭隘的消极权利,那么这将很难协调诸多无争议的积极法律义务,如纳税申报的义务。[69]

密尔(Mill)的结果主义重视将行动自由的价值作为福利的组成部分,这不会产生上述问题。将此项好处列入其中,似乎并不会引起争议。此项好处能够按照社会成果的评估标准,从适当广泛的各种选择中自主决定如何行动。另一方面,该观点对于此类自由不仅仅是作为好处,而且是作为权利时应受保护到何种程度并未明确。

无论收入是否真正到手,自主权在多大程度上会影响到以本能够获得的劳动所得为征税依据呢? 这确实会引导人们进行选择,除非他们没有税收。当然,实际的劳动所得的税收也会这样。罗伯特·诺齐克(Robert

---

[67]　Daniel Shaviro 主张,还有额外理由来说明,为何关心福利的理论家更偏好赠与税:人们的潜在收入越高("工资税率"就越高),就生活得越好。以两个人为例 ,Andrea 和 Brian, 与 Brian 相比,Andrea 的潜在收入更高,但实际收入更低(尽管休闲时间更多)。Andrea 比 Brian 更富有,因为她和 Brian 拥有同样多的休闲时间,尽管她收入更高,但更喜欢自己的生活。参见 Shaviro (2000a),402 - 406。该主张需要假设,两个人都从各自可能的创收选择中获得同样效用,并且只在他们对于休闲的喜好中有所不同 (p. 404)。但显然,一些人对于可能的工作偏好,不仅考虑工资,还考虑对于该工作目标的重视程度,这交由市场而非其他因素来决定会更好。Andrea 或许会讨厌所有的高薪工作,同时参见 Murphy (1996),482 - 484。

[68]　参见 Kelman (1979),842; Rakowski (2000),267n. 10。

[69]　关于自由与自治的不同概念,参见第三章,第十部分。关于积极法律责任的讨论,参见 Murphy (2001)。

Nozick)的著名观点提到,对劳动所得征税是基于"与强迫劳动等同"[70]这一理由。为了达到显性消费的优先级,在无税的世界里,人们的被迫工作是超出个人所需的。或许可以假设,此观点对于劳动所得税收的影响并非决定性的。那么,此观点和反对赠与税的主张有何差异呢?

差异,仅是某种程度的。首先,我们不应接受诺齐克对此观点的阐释方式。不存在原则性异议的纯粹事实是,税收法律义务的实施,强行限制了可行的替代选择。[71] 刑法、交通法、分区法和其他许多法律义务的执行,都有同样的影响。此外,正如我们所观察到的,没有理由保护那些在虚构的无税世界里行得通的假设性选择。

然而,自主权价值会引导我们通过和其他实际机制的可行边界对比,优先考虑尽可能小地限制选择范围的机制。与其他类似的税收收入形式相比,赠与税对人们选择的限制程度是更大的。因此,没有人能在无收入来源的情况下成为雕塑家,劳动收入的课税增加了所需的工作量(如清洁房屋)。一位根据 50 万美元潜在年收入纳税、训练有素的公司律师会发现,雕塑家所用时间几乎被减到了零。所以,我们可以说,对于选定的职业而言,赠与税会是远比普通所得税更为巨大的障碍。然而,关于此情形最有争议的似乎是,这位律师可能会因为其接受过的训练只限于公司律师业而受到指责。倘若果真如此,那么问题就不在于赠与税强迫人们去做他们不愿做的事,而在于其可能只是从字面上给人们的生活留下一种选择。这是对自主权的极端干扰,应该比赠与税之于福利集合的贡献更有分量。

对赠与税执行中福利水平所产生的积极影响,似乎在任何情形下都是不确定的。税收的收入效应会引导更多的人选择薪酬更高的职业。或许这本身就是好的,因为生产力会提升。但这也会使更多有能力的人远离那些社会价值更高而薪酬更低的工作。大多数富有创造力并训练有素的艺术家,如画家、小说家、诗人、作曲家、小提琴家和钢琴家,可以通过从事其他工作来赚取更多。如果可行,赠与税将产生深刻的社会影响,将减少劳动密集

---

[70]　参见 Nozick (1974),169-171。

[71]　参见 Nozick (1974),169。

型和风险型行业的进入者,或许还会同时增加成本。换言之,不容易看出来的是,当赚钱能力最强的人总是选择赚取最多工作的时候,福利水平最高。在赠与税体系下,甚至有更多的人会从事他们并不喜欢的工作,随之而来的是工作质量的下降,遑论劳动者的福利。[72]

然而,这确实并非类型的差异,只是程度的不同。丹尼尔·沙维尔(Daniel Shaviro)对此主张了两点:第一,与推算收入有关。马里布(Malibu)的冲浪者没有显性消费,却存在大量隐形消费或推定消费。如果可以通过某种神奇方法,减少冲浪者的一定量的乐趣,并将收益转移给财政部门,那么选择不去工作,将不会对税收造成阻碍。为了从另外的视角来推论这一点,沙维尔引导我们这样想象:付给华尔街律师的报酬是五分钟之内必须吃掉否则会变质的酸奶,然后,为了纳税,数小时后,他们不得不去为联邦办公楼做清洁。关键点在于,并非是赠与税没有引起关于如何征税的自主权担忧,而是缺乏向无劳动收入的人征税的道德异议。[73]

同样重要的,是沙维尔提出的第二点。他强调,被广为认可的是,没有出现大的危机预警时,对家庭中某一成员的收入加重课税,可能会迫使另一成员选择有报酬的工作,放弃无报酬的工作。[74] 如果这不算令人发指,那么为何对冲浪者造成的同等效应会被认为是无耻呢?

针对赠与税的主要道德异议认为,并非由于赠与税强迫人们工作,而是与类似的消费税或所得税相比,其会对自主权产生重大干扰。有鉴于此,并考虑对赠与税带来之福利增加的疑问,这并非是个严肃的选择,即便实施所需的信息显示其可行。

九、除外款项与税税抵免

不论税基是消费、所得,还是消费加财富,关于某些特殊消费是否不应该征税,仍然存在更多特定问题。如前所述,经济学家们告诉我们,"更清

---

[72] 最后一点,参见 Shaviro (2000a),414。

[73] 参见 Shaviro (2000a),410。

[74] 参见 Shaviro (2000a),412,415 - 416。

洁"的税基不那么扭曲,从而使得我们花费得更少。这将举证责任移转到了那些更青睐税基之适用除外或税收扣除的人身上。类似地,关于行政管理成本的令人信服之理由或反对意见,需要为推定消费的不征税提供依据。讨论最多的情形是税收不会绝对不可行的情形,这是拥有各自家庭并因而无需缴纳租金的人所享用的估算消费。[75] (简而言之,今后我们将使用"除外款项"来囊括估算消费的各类扣除及免税,如此达到经济平等。[76])是否存在支持或反对这一系列常见除外款项的正当理由呢?

正如即将在第八章中深入阐述的,关于横向平等的顾虑,如住房的税收待遇是错位的。因为迄今为止,常见理由是正义并不要求对福利或机遇保持税前平等。由除外款项引起的公平问题开始转向,伴随而来的是财富的适当税收待遇给多样特殊消费中人们的福利或机遇所带来的影响[77],这揭示出税收体系已被理解为获得公平社会成果的途径。

举一个直截了当的例子,在医疗服务上花费更多金钱,并不会使某个人比未产生此类花销的其他人更富有。更进一步说,医疗保健支出在总消费中并不成比例。因此,如果医疗保健支出全部被包含在消费税基中,那么希望通过对消费更多者征税,并将所征得的税款转移给消费更少者,从而达到福利更均衡分配的任何努力,都是不得要领的。

从机会平等的角度看,这个问题更为复杂。因为不同理论对待医疗恶运的态度不同——有些观点认为这是导致不平等的原因,理应得到相应弥补,而其他观点则持相反态度。这取决于何种恶运会被认定为落入社会公平的范围。自愿保险体系的存在也影响了推论。[78]

上述问题的复杂性在全民医疗保险的健全体系下被部分化解,尽管仍

---

[75] 好几个欧洲国家都对业主自住房屋的推定租金收入进行征税;参见 Messere (1993),234。

[76] 这与法律用法有所区别;参见 Chirelstein (1999),1-2。

[77] 必须谨记的是,与财富一起,此类理论家的问题并非是说这些除外在为展示相关类型机会平等的税收代码中是否有一席之地,而是这些除外在部分目标为引进机会平等的税收代码中是否有一席之地。因此,不能简单地进行假定,如自主占有住房的优惠税收待遇干扰机会平等。

[78] 参见 Bradford (1986),161。

会有部分人能够并且将会在医疗上花费超出全民医保所提供的限额。某种意义上说,因为此种支出而流失的福利或许会被认定为落在集体责任范围之外。任何支出的有利税收待遇,都在作出决定的人与未作出决定的人之间产生相应移转。正如我们将在第八章中深入探讨的,即便此种移转不会在横向均等的假设基础上遭到批判,我们仍应视其为正当的。

然而,如果认为医疗支出会对税收产生影响,那么问题在于,全额或部分税收抵免是否更适用于除外款项? 在累进税率体系中,税基的除外款项使更高纳税等级中的人受益更多。这在传统的能力支付理由中是说得通的,因为医疗费用似乎被视作你从未拥有过的金钱。可是,如果要评估税收条款对社会成果的效应,那么除外款项就是个糟糕的选择,因为和穷人相比,富人花费既定数额的医疗费用并不会导致其流失更多福利,事实恰恰相反。税收抵免可以减免相同税额的纳税而无需顾及整张税单。这是对人们福利的更精确之调节,因为对每一个人而言,所得税基减额所带来的收益大小,与花费在医疗上的损失大小相当。(在经济合作与发展组织的成员国中,已经出现用税收抵免来取代除外款项的趋势。[79])

美国税法下,任一现存的除外款项,各自都有已广泛讨论的问题。此处不作探讨。[80] 比较值得商讨的是慈善税款减免。"慈善"这个词表明,此项减免作为手段,分散了这样一个过程,即由社会卸下其集体责任,以此缓解社会经济金字塔底层生活中最糟糕的方面。何为责任的本质属性,何为最高效的手段? 由于对这两个问题的理解尚未达成一致,因此解决之道或许是,国家向各自作出手段选择的个人补贴,而非由国家一手包办来决定公共资金的使用。即便如此,现有的减免也无法支持这些主张,因为时下很多可减免的"慈善"款项流向了与穷人、病者或被绑架人质无关的文化机构和教育机构。[81] 此类机构中的国家资金可能合乎期待,也可能不尽如人意,但结论将是全然不同的,"慈善"几乎不可能是合适的用语。

---

[79] 参见 Messere (1998),11。

[80] 关于住房现行税收待遇的简明讨论,参见 Chirelstein (1999),175 - 178; Slemrod and Bakija (2000),185 - 190。

[81] 参见 Auten, Clotfelter, and Schmalbeck (2000),403 - 414。

在任何情境中,在我们关于减免的观念中,统一费率的税收抵免对于优化非营利性组织的作用会是更可观的。倘若目的是允许私人个体来决定此类资金如何绕过财政部门,赋予更高纳税等级中的人更多发言权,那么在现行体制下是有机可乘的。

累进税率意味着,在先前税收中,我们倾斜了更多来支持富人的慈善选择,多于给中产阶级和穷人的慈善选择。此种效应会在下列现象中被放大:收入微薄的大多数纳税人不会逐条列记其慈善贡献,但会获得标准减免。

关于另一方面问题的重大主张是,如果富人对其税收价值的贡献反应比非富人更为灵活,那么在相同的税收总支出水平下,由减免引起的贡献总额或许比由抵免引起的要高。然后,问题会变成,税收减免导致了更多的金钱损失,按照每一单位先前的缴税美元计算,是否超过流向富人所支持目标的额外金钱?[82]

十、转变

我们已经争论过所得税对于储蓄者是否不公平。更普遍地说,我们已经主张税收公平只关乎特定成果的保障,而不会影响资源或福利的基准分配。从这个意义上来说,税收公平关乎成果。但这并不意味着,只有成果才与税收政策相关,因为获得公平成果的路径也会引发公平问题。当正在进行中的制度安排发生变化时,关于保护合理期待的保守顾虑随之而来。事实上,任何好转都会带来变化,这是非常重要的实践问题。用马丁·费尔德斯坦(Martin Feldstein)的术语来说,我们从未正视过税收设计的问题,而总是在

---

[82] 尽管在某种程度上,这或许是全部意义:"简而言之,一些公共机构对于社会、文化和智力融合的贡献更大。因此,或许可能为向更高收入纳税人最青睐的慈善机构倾斜的税收扣除体系提供理由。"(Woodman 1988,575)关于对慈善扣除的早期批判,参见 McDaniel (1972)。关于加拿大的双重征税经验(第一笔 200 美元捐赠征收 17%,超过 200 美元的数额征收 29%),关于慈善贡献,参见 Duff (2001)。

关注税收改革。[83]

通常认为,从所得税到消费税的转变,会对现有财富征缴一次性税收,因为当消费被撤掉后,财富就会为税收所支配,即便其积累早已为所得税所支配。[84] 正如任何此类过渡效应一样,从所得税到消费税的转变,使得以下问题极大复杂化:从分配正义角度看,当考虑所有因素时,此种转变是否更好?问题并不仅仅是理解此类一次性税收对绝对水平和相对水平的福利或机会意味着什么。也应当把人们在所期待的制度变化中所作出的决定效应纳入考虑因素。[85]

然而,人们期望的重要性并不仅仅是工具性的。即便所有重大的税收变化在颁布前完全保密,中途改变人们生活的规则是否恰当,也仍存有疑义。即便或许无人会对抽象意义上的任何特定资源享有权利,政治伦理的合理标准也还是认为,我们有权利享受自己有理由坚信的东西,这是在普遍制度安排下,我们的选择所带来的影响。保护合理期待的标准或许可以为公平竞争中的某些概念所解释,然而更重要的似乎是,要连接自主权价值和人们为未来制定出合理解决方案的特殊兴趣。[86]

多高的期望应该获得保护,取决于这些期望有多合理。期望政府经济政策在数十年之内保持不变是不合理的。与政府减债、最低工资标准、环境保护等政策的变化背景背道而驰的是,人们有大量机会来筹划自己的生活。举个例子,在丝毫未减轻现存抵押贷款利息的前提下,突然废除住房抵押贷款的利息减免,这完全超出合理预想。由消费税转变而来的现有财富持有者的一次性税负会落入同一范畴。

这并不意味着,转变会出于正义缘故被禁止。相反,这需要转变规则的调整,目的是在合理期待的范围内减轻一次性税负,或者至少也在或多或少朝着这个方向发展。

---

[83]　参见 Feldstein (1976)。即便是第一个所得税体系,也应该被理解为一次改革,因为在相关意义上,是它改变了经济生活的基本规则。

[84]　参见 Slemrod and Bakija (2000),177 - 180。

[85]　从功利主义角度看待对这个问题进行的学识渊博的处理,参见 Shaviro (2000b)。

[86]　参见第三章,第九部分。

　　总而言之,我们认为,从平衡角度看,不存在首先转移到消费税基的情形。如果有什么区别的话,那么我们赞同更充分地运用税收来调节财富差异,这在某种程度上是可以做到的,消费差异也同样可以。这些努力很重要的一个方面,是税收的代际转移,我们将在第七章中论述。

第六章　累进税

一、分级、累进、税负归宿及成果

分级税率是个政治问题。在 2001 年 7 月 1 日以前,美国个人所得税最高的边际税率是 39.6%。[1] 仅此项数据就突显出对于数字"40"的政治焦虑。事实上,这项数据是为了掩盖这样一个事实:逐步淘汰中的、针对高收入者的法定扣减和个人免税,导致部分人的有效边际税率高于 40%。[2]

这种代表这类或那类单一税方案的政治措辞,还非常注重名义汇率结构。"单一税"网站由众议院多数党领袖迪克·艾米(Dick Armey)和议员理查德·谢尔比(Richard Shelby)运营,旨在推广他们在 1999 年呈递给国会的《重建自由与公平》(*Freedom and Fairness Restoration*)提案。[3] 以下引言来自该网站:

---

[1] 《2001 年经济增长与税收减免和解法案》降低了所有的边际税率,并且引入了一个 10% 的新纳税等级。然而,法案在 2010 年失效,所以除非国会采取进一步措施,否则 2011 年的边际税率峰值会再次达到 39.6%。欲知此令人匪夷所思的法条细节,参见 Joint Committee on Taxation (2001) and Manning and Windish (2001)。

[2] 参见 Chirelstein (1999),3 - 4,182。还有更多,所制定的 39.6% 的税率相当于 36% 的税率外加 10% 的附加税。

[3] H. R. 1040 (1999)。

"单一税将通过平等对待所有人，重建税法的公平。不论你赚取多少财富，从事何种生意，以及在华盛顿是否有说客，你都会同其他所有纳税人一样，按照相同税率纳税。"[4]

即便如此措辞，其陈述仍是不实的。因为艾米与谢尔比的提案给了低收入者相当大的税收减免，四口之家是2,5000美元；如此一来，很多人是无需纳税的。[5]

关键点在于，将边际税率结构从分配正义的任何严肃问题中剥离，只需三步。第一，影响税收负担分配的是平均税率而非边际税率。根据减免额，艾米与谢尔比单一税主张下的平均税率，在所得范围内是累进的。因此，在与税收公平的传统理解唯一相关的"税率"语境里，纳税人不会就同样的税率纳税。[6]

第二，承受法定纳税义务的个人未必会承受经济负担。因此，举例来说，通常认为雇主支付了工资，雇员负担了工资税。[7] 经济学家投入了巨大努力来解答纳税负担的归属问题。"分布表"旨在向立法者展示不同税制下税负分布的产生，在"分布表"的研制中，税负假定格外重要。[8]

第三，无论如何，税收负担的实际归属信息仅具有工具意义。真正重要的，是更大规模的成果。旨在提升社会成果公平的政府，需要知悉税法中现有的机会对于不平等、最贫穷群体的福利水平，以及机会平等此类状况，是会加重还是减轻。政治伦理的真正问题在于，达到何种程度的社会成果才是公平的？实际税收负担分配的知识，仅在其有助于我们达成该目标时才有价值。[*]

这引发了布卢姆(Blum)和卡尔文(Kalven)的经典辩论。这场辩论几

---

[4] 参见 http：//flattax. house. gov/proposal/flat-sum. asp (last visited June 6,2001)。

[5] 基于1990年代美国国会中此种误导性言论的增长，参见 Kornhauser (1996b)。

[6] 关于该常见修辞手段的讨论，参见 Fried (1999a)。

[7] 参见 Slemrod and Bakija (2000),64 - 75。

[8] 参见 Bradford (1995)。

[*] 布什总统在2001年全面削减税收的书中提出的公平主张，在现实中还有待进一步的深化。他的主张认为，所有人都应获得减税，如挑选出低收入者是不公平的。这不仅是假设税前市场成果是公平的，而且假设现行的税收制度给每个人规定的比例也是恰当的。

乎完全建立在借由单一的传统税收公平标准评估累进税的基础之上,而不是依据社会正义的更大标准。下文还有一个观点,深刻地承认了传统方法下问题的局限性——人们只能赞同亨利·西蒙斯(Henry Simons)的观点。在关于累进的任何讨论中,不平等问题"被暴露在了光天化日之下"。当然,坦承和阐明该问题的观点都是勇气可嘉的。不过,这存在难以克服的困难。累进税的相关研究中,只要经济不平等被暴露在光天化日之下,就会发现我们偏离主题了。[9]

于是,正如所看到的,他们其实是在讨论错误的论题。

二、结果评估

除了权利、自由和程序公平方面的差异,不同的公平理论对社会结果采取不同的衡量标准。这些标准反过来需要不同类型的信息。[10] 因此,如果福利的平等对其本身很重要,那么就必须在关于不平等的各种可能措施中进行选择(如基尼系数)。从优先权的视角看,依据的公平状态是,能提升所有人的福利,但会优先考虑贫困者的福利。或者,根据罗尔斯的差异原则。所有问题的关键在于人们的富裕程度,而非不平等程度本身。因此,上述观点并不要求针对不平等采取措施,即使是站在罗尔斯的视角,这至少也是启蒙意义上的平等主义。[11]

当然,即便福利平等本身就是终极目标,也无法被看作是唯一的社会福利。相反,需要将其放在福利的整体价值水平中作权衡。[12] 然后,正如功利主义,上述所有平等主义的观点还需要福利信息,并在其他条件不变的情况下削减更高水平的福利,以此提升社会成果的公平性。

福利是复杂的价值。根据优选指标,政府必须充分利用诸如休闲时间、

---

[9] Blum and Kalven (1952),487. 引言来自 Simons (1938),18。对于 Blum 和 Kalven 方法的进一步批判,建立在这样的假设上,即比例税不需要辩护,而累进税需要。参见 Fried (1999a)。

[10] 参见 Sen (1997)。

[11] 参见第三章,第六部分。

[12] 参见 Parfit (1991), and Temkin (1993)。

健康指标、居住环境、文化教育等信息,连同消费和财富信息一起加以考量。税收体系作为公共教育、医疗卫生等的政府收入来源,与所有这些因素有千丝万缕的联系。然而,就差别税率而言,其本身就是促成更公平社会成果的途径之一,消费和财富也是相关因素。根据正义理念的财富基础理论,旨在调整税收和货币性转移支付的水平,以保证消费和财富普遍水平更具公平性。

并非福利的所有方面都能直接估量,必须使用指标。然而,公平机会理论中的平等甚至面临更严重的信息问题。

如果福利指标是精心挑选的,那么我们就有信心认为,其对成果的评估是大致准确的。当公平标准关注的不是人们现实的富裕程度,而是人们可能的富裕程度时,可以理解为他们生活中享有的机会状况,那么即便只要求大致水平,似乎也难有合适的指标可以指引我们。(就目前了解而言,要求人们向征税者披露自己的潜在收入,是不太可能获得真实数据的。)

理论越富有平等主义色彩,问题越难以解决。因此,只有当教育和社会背景及自然禀赋的不同而造成的机会差异获得弥补时,平等自由主义才能保持社会公平。由于没有衡量自然禀赋的标准,因此即便在人生起点上拥有平等的物质资源,也无法得知人们财产的多寡是否源于其天赋或个人选择。

机会的公平平等或多或少更易于衡量,因为其只要求人生起点中的财富平等和教育平等。然而,发展既定禀赋的平等机会不仅仅与学校的平等资金有关。正如罗尔斯所言:“先天能力的发展程度和达到的成就深受各种社会环境及阶层态度的影响。甚至是努力的意愿,努力的程度在普通意义上也本应如此,其本身取决于快乐的家庭和社会环境。”[13]倘若确实如此,很难界定是否已经实现了机会的公平平等。罗尔斯声称,它的实现“在实践中是毫无可能的”。[14]

---

[13]　Rawls (1999b),64.

[14]　Rawls (1999b),64. 平等机会理论应当如何对社会成果进行估价(作为征税依据)这一问题,已经有了来自哲学家的各种建议。例如,Ronald Dworkin 提出了一个建议,打开了虚拟保险市场能力的想法。参见 Dworkin (2000),83 - 109。关于此处所提问题的不同提议和概述,参见 Rakowski (1991), chap. 6。有关 Van Parijs 的路径,参见 Van Parijs (1995), chap. 3。

说完这些，我们或许可以通过以下方式来绕开一部分深奥问题。出于评估税收体系累进税的目的，最相关的社会价值关乎平等和不平等。正如我们所看到的，社会应对其成员，特别是最穷困成员的经济福利承担责任，对此已经有大量观点。一个极端的方面是，自由主义将政府的唯一功能定位为保护人们的消极权利免受侵犯——不受强迫、欺诈、偷盗及暴力的权利——从生存到积极福利的提供，其实是个人私事。于是，有人将政府责任施加于环境保护、教育、邮政服务、高速公路等特定公共福利的供给。然而，大多数人在行动上走得更远，承担了部分原本属于政府的责任，以提升社会个体的福利物质水平，向他们提供追求人生兴趣所需的部分资源。

责任或许会通过不同方式被定义在不同层次。有些人或许认为，只有国家才应该保障社会安全网，以防止任何人产生极端想法。另一些人或许认为，应当有公共政策来为所有人提供社会经济竞争所需的积极平等之机遇。如果他们是功利主义者，那么就会支持让所有人的社会总体利益最大化的政策。如果他们采取优先权观点，或者接受罗尔斯的差异原则，那么就会支持对社会经济金字塔底层民众给予利益倾斜的政策。

关于公共责任程度的分歧不会消失，这些分歧正是政治的本质。然而，我们另有看法。尽管存在分歧，但各种分歧之间仍达成了一部分重要共识，即认为政府责任在公民福利中的作用举足轻重。不管是功利主义者还是罗尔斯主义者，或者是优先权理论者，或者是社会安全网络的拥趸，抑或是机会公平平等主义或平等自由主义的守护者，终究会关心财产问题。

对于上述这些观点而言，财产并不是个好问题。贫困者的生活很艰难，常常是屈辱的。贫困家庭出身的孩子机遇更少，期望更低。然而，当你分割开来看就会发现，贫困者资源的增长将会产生很大的收益，其每一美元所产生的价值，远远超过富裕者资源的同等增长。这就是再分配政策中最普遍、最直接的基础，也在某种程度上支持了自由主义的一系列观点。

在主流的公平理论看来，对税收体系结果的评估至少受制于两点：第一，取决于其是否能够筹集到足够的税收来保障国防、执法、教育等公共福利的适当水平；第二，取决于其是否能保障经济最弱势群体得以体面地生活。很显然，功利主义或更平等主义的标准会要求我们关注这些。

所以,某种意义上,我们可以将其作为典型。为了评估累进税的等级,总体福利效应的评估方法极大地影响着取决于社会底层福利的那些因素。与社会成员福利及平等机会相关的任何公平概念——不管其是否对最贫困者有所倾斜——都不得不特别关注最贫困者的生活水平。因此,在本章余下的篇幅里,我们的讨论将限制在评估福利成果的分配公平理论中。

三、最优税收

谈到最优税收和转移税率的一篇杰出经济学文献,就要追溯到詹姆斯·莫里斯(James Mirrless)写于 1971 年的文章。[15] 这篇文章对于税收公平的研究举足轻重。最重要的是,它是以正确的方式在展开该论题,研究的是结果而非税收负担的分配。作为福利经济学的一部分,最优税收分析的规范参数,为我们的观念所局限,认为其无法产生出完整的税收公平。然而,它为公平的非自由主义概念的实施提供了至关重要的信息。

核心问题在于,鉴于所得税行为效应会引发福利损失,那么何种水平的税收对福利的促进效果最好(不论其是否支持贫困者)?任何关注福利水平的公平理论,包括赋予更大平等以固有权的理论(尽管此类理论并不太出现在最优税收的文献中),都不得不面对这样的现实:尽管税收可以实现从相对富裕者到相对贫困者的再分配,但是税收或许也会打压工作积极性,并由此引发总体福利的减少。

边际税率与劳动效应有关。人们决定是否额外工作一小时,取决于每一额外小时的应纳税额,而非已完成工作时间内的应纳税额。因此,如果税收对劳动的影响应当引起严肃关注,那么边际税率应当尽可能低。税率越低,征纳的税款就越少。因此,根据成果公平的不同标准,开始设定最优税收的规范参数,并依据其对人们工作积极性和工作量的影响,在提高收入和福利流失之间作权衡。

---

[15] 关于通俗易懂的批判性讨论,参见 Slemrod and Bakija (2000),103 - 132; Slemrod (1990); Slemrod (1998)。

除了累进税级外,从零开始,最优税收模式中规范地采用了再分配的更激进机制:代替低税收等级中数额相当的减税,积极的全民性补助惠及所有人,不论是对总收入超过特定值的减税还是对低于该特定值的负所得税,补助都是相当的。[*]在很多规范参数中,不管成果评估标准是否会增加贫困者的利益,最优结果均是令人惊讶的。可观的补助与单一税率或正在下降的边际税率相结合,甚至包括从收入分配的最高点下滑至零点的税率。[16]

最优税收的每一不同模式都会产生不同的假设,而每一套假设都是可抗辩的。[17]然而,最重要的假设与劳务供应的规模效应及普遍性相关,所有模式都会在某种程度上假设其存在。它们假设边际税收会使得工作和赚钱更缺乏吸引力。问题在于,实证研究表明,在劳动和休闲之间进行选择时,所产生的效应其实相当罕见,至少对于各种确有效果的边际税率而言是如此。(重要的例外是婚姻中潜在的第二赚钱者行为——这是我们将在第八章中讨论的公平问题。)斯莱姆罗德(Slemrod)和巴其卡(Bajika)写道:"几乎所有研究都得出这样的结论:男性的参与及工作时间与税后工资及边际税率的变化基本无关。"[18]

这说明,将最优税收文献作为政策指引或许没那么重要。然而,近年来,特别是马丁·费尔德斯坦(Martin Feldstein)1995 年的文章发表后,经济学家已经将关注焦点从税收对劳务供应的影响转移到了税收对应纳税所得额的影响。人们有很多途径可以改变应纳税所得额,而无需改变劳务供应。例如,改变储蓄标准、投资组合、收入的获得时间、补偿金的非税形式、

---

[*] 例如,边际税率为 50% 时,15,000 美元的补助相当于完全减免了 30,000 美元原始收入的应纳税额,或者是相当于从仅 20,000 美元的总收入中退税 5,000 美元。

[16] 参见 Bankman and Griffith (1987);Slemrod (1990)。

[17] 关于不同假设影响的综述,参见 Slemrod and Bakija (forthcoming);Zelenak and Moreland (1999)。正如 Slemrod 指出的,大部分模式的特别竞争假设是"富人和穷人的唯一区别在于,他们天生被赋予了获得更高市场工资的能力,这被认为是反映了他们劳动的更高现实生产力。"(Slemrod 2000,12)这忽视了其他可能性中,运气、品位、遗产的作用。参见 12 - 13。

[18] Slemrod and Bakija (2000),107. 同时参见 Slemrod (1998) and (2000),3 - 28;Moffitt and Wilhelm (2000)。

避税和逃税的认定标准及税收扣除标准。[19] 诸如此类税收带来的反应或许会造成总体福利的流失。费尔德斯坦估计税收对于应纳税所得额的影响是非常显著的,特别是对于更高收入者。后续工作对此种行为反应的规模产生了不那么显著而依旧重要的估算。[20] 基于应纳税所得额对于边际税率的效应,一项关于最优税的最新数据表明,优先照顾贫困者福利的公平标准带来的产物就是,数额不菲的补助(11,000 美金),外加不断下滑的高水平边际税率。[21]

这需要大量工作才能取得进展。针对应纳税所得额对于边际税率的反应,目前还没有达成专业共识。需要持续解决的问题在于,要控制好应纳税所得额中与 1980 年代、1990 年代税收改革这一研究重点无关的变量。[22] 我们不打算在这场争论中表态。然而,将关注焦点放在税收对应纳税所得额的影响上,而非对劳务供应的影响,这其实是误导。尽管政府无力左右人们对于工作和休闲的选择,但政府可以通过税收结构和其他方式,使人们通过一定途径而非减少工作来改变他们变更应纳税所得额的能力。正如斯莱姆罗德所指出的,非劳动因素对税率有所响应是由于其接受了自身与政府政策的关联。[23]

仍未明晰的是,下降的边际税率需要用于产生税收,以便为巨额补贴提供资金。然而,重要的寓意在于,结果而非税率,才是真正关键的。

首先,最优税收理论中,补贴所扮演的核心角色与经济公平的当代公共理论之间存在着极端的冲突,几乎无人相信存在有保障的最低收入。[24] 然

---

[19]　参见 Feldstein (1995 and 1997)。

[20]　参见 Auten and Carroll (1999);Goolsbee (2000);Gruber and Saez (2000)。技术级经济学家用来捕捉此效应重要性的,是税后回报的应税所得弹性——应税所得中的百分比变化来自于税后回报的 1% 变化。当 Feldstein 达到了从 1 到 3 的弹性估算,更多的近期估算趋向于显著小于 0.5 左右。

[21]　参见 Gruber and Saez (2000), Table 10, the case of the "Utilitarian: Progressive" criterion。由于全民性补助,该体系保留了累进。

[22]　参见 Slemrod (1998),780 - 781。

[23]　参见 Slemrod (1998),778 - 779;Slemrod and Kopczuk (forthcoming)。

[24]　以至于 Zelenak and Moreland (1999) 设计了一个不带全民性补助的最优税收模型;结果是累进税率的复原。

而,一旦放松对于日常自由主义的控制,就没有理由将实现集体社会目标的某一可能途径事先排除。这同样适用于对累进税率的安排。不论最优税的理论家们是否聚焦于下降中边际税率的优越性(为了成果公平的合理标准),实践已经清楚地证明,仅仅通过扫视分布表是无法实现税收体制公平的,更不用说分析税率表了。我们必须习惯透过税法的表层,分析其产生的社会成果。

然而,非常重要的一点是,要扭转经济学家对于目的和手段差异的既有认知。如果我们被告知,即便从带有强烈自由主义的公平理论来看,带补贴的更低边际税率仍比最高值边际税率下的累进税率要好,那么我们就毫无理由在不引进补贴的情形下抛弃高边际税率。这是显而易见的。但在实践中,这点常常被忽略。被频繁强调的是,最优税收理论的结论影响了 1980年代边际税率往低走的趋势,如约瑟夫·斯蒂格利茨(Joseph Stiglitz)所举的例子。[25] 此种趋势与货币性转移支付的巨大作用无关。[26] 没人会关心福利,甚至连功利主义者也不会;从正义视角出发,也没人会将过去二十年里在美国不断加剧的不平等视为进步。[27] 具有可能性的是,在短期的实践效果中,经济学家对税收行为效应的兴趣,就社会正义事业而言,其实是弊大于利。

四、税收改革

在公平社会里,税收改革者们需要的指引来自对政府适当目标的深思熟虑的判断。为了把这些目标转化为经济政策,政府需要了解社会不同阶层所享有的福利水平(通过适当标准衡量),或许还要了解不平等的衡量标准。政府还需要了解税收及转移政策中与经济行为有关的多种变化所产生的效应。这必须依托于经济学家的实证研究和反复试错。

---

[25]　Stiglitz (2000),562;同时参见 Slemrod (1990),166 - 168;Gruber and Saez (2000)的开篇部分。

[26]　参见 Hershkoff and Loffredo (1997);Slemrod and Bakija (forthcoming)。

[27]　参见 Bernstein et al. (2000);Wolff (1996 and 2000)。

　　分布表依旧重要，但仅限于被允许对比不同政策税后效果的情形。例如，如果公平理念优先考虑改善贫困群体的生活水平，那么显示不同收入等级可支配收入变化的分布表将会显示在其他效应平等的情形下，改革是否朝向更好的方向。最后，税收体系中累进税的程度也会受到政府提供适当水平公共物品之努力的影响。正如在第四章中看到的，这完美地打通了不同收入、不同财富阶层的人之间关于公共和私人支出之边际效用的信息。

　　评估社会成果的公平标准是个有争议的政治伦理问题。达成任何既定目标的最好途径，在实用经济学中也是备受争议的问题。两个问题之间的强烈分歧注定将一直存在，所以关于"税率结构应当达到何种进步"的问题是不容易回答的。然而，该问题的难度不应当混淆在空虚和不确定性当中。

　　亨利·西蒙斯（Henry Simons）说，支付能力标准可以为任何退化或进步的水准提供依据。[28] 他说得对，因为标准是空洞的，关于税负公平分配的分歧并未触及道德原则的真正问题，所谓分歧其实没有针对任何对象。然而，关于社会公平的分歧并非空谈。如果期待从本书第三章和第四章提及的道德问题范畴内，或者从关乎制度途径选择的经济问题中，得到一致性或终极性答案，是不明智的。如果认为针对这些问题没有更好或更差的答案，同样是不明智的。

　　我们的怜悯之心取决于公平的相关概念，这要求社会至少要为所有人提供体面的最低福利水平及平等机会渠道。该观点还暗含了对税收制度中两种累进税的深思熟虑。第一，巨额补贴的累进税导致了最低收入者的负所得税（货币性转移支付）。第二，边际税率的累进税中，收入分配是不平等的。从经验出发，第二点是更有难度的问题，因为这取决于激励效应和避税目的下收入转移的可能性。然而，现有证据似乎并不认为，对充分供给社会底层民众的税收之产生而言，平稳的或下滑的边际税率是必不可少的。

　　社会基本的最低标准供给满足了公平中的人道主义或温和平等主义内涵。但更严肃的道德情形会在更激进的平等主义视角下产生。我们深信，社会制度应当提升贫困群体的福利，使之远远超出大多数人所必需的最低

---

〔28〕　参见 Simons（1938），17。

标准。必要时,不仅需要牺牲富裕者的福利,甚至要以社会的整体福利为代价。这并非将平等置于首要位置,因此即便是痛苦地平等,也比不平等要好。没有人会提倡此种公平。理想的情形是,社区致力于使其所有成员的生活变得更好。为该观点披上平等主义色彩的是这样的信念,即只要还有贫穷存在,就应当对贫困者的利益给予特殊的倾斜。

上述此类观点传达出的明确意旨是,公平指引下的举措会给现时最富裕者的可支配收入和财富带来重大损失,并非因为其本身是好的,而是因为从道德上说,那些资源在别处得到了更好的利用。况且,如果能有效施行,那么通过法律制度来重新安排财产权利是合法的。倘若信奉此观念,我们将得出这样的结论,即公正资本社会的税收和转移制度自带再分配净收入与净财富的功能。根据经济效应,除了可观的补贴和极大进步的边际税率,最佳机制或许也会涉及。

目前,美国并未提供基本的社会最低标准,因此还达不到前文提及的两个公平概念中哪怕是最自由放任的方面。有鉴于此,当前税收改革的气候是与道德背道而驰的。在任何看似合理的观点看来,针对富人的大规模减税、房产税的废除、累进税的废除——这些都是更严重的不公平指引下的举措,前两项举措现已实施。[29] 在现实政治中,不幸的是,这个问题不仅是道德和经验层面的,更是修辞和思想层面的。"这是你的钱,不是政府的!"一个强有力的主张声称,相比留在高收入者及其继承人手中,社会产品如果能用于低收入者,会更好。我们将会在最后一章中,更深入地探讨此问题。

---

[29] By the Economic Growth and Tax Relief Reconciliation Act of 2001;参见 Joint Committee on Taxation (2001) and Manning and Windish (2001)。公民税收正义推算出,最富有的1%的纳税人,年收入不少于373,000美元,将获得由该法案引进的25.1%的所得税减免,以及应税收入与遗产37.6%的联合减税。参见 http://www.ctj.org/heml/gwbfinal.htm (last visited July 5,2001)。

第七章　遗产

一、遗产税

1997 年,占美国人口总数 1‰的最富裕阶层掌握了全美总收入的 17‰左右。但是,财富的分配居然还更多地倾向最富裕阶层。1998 年的数据显示,全美最富裕的 1‰家庭占据了全国总收入的 38‰,最富裕的 20‰家庭占据了总收入的 83‰。[1] 正如第五章所提及的,关于财富总额中遗产所占比例的各类评估差别很大,但平均值大致是 50‰。[2] 显然,在无阶级意识的社会里,财富继承是造成经济不平等的重要原因之一。

由于存在高额免税和避税可能,遗产及赠与税从未对遗产财富产生重大影响。这两种税通常占联邦总收入的 1‰。[3]此类税收从未获得过强有力的政治支持。值得一提的是,面对财富分配日益不平等的情况,政治支持反倒越来越弱化了。[4] 2001 年 6 月,这种状况到了紧急关头。乔治·布什(George W. Bush)总统签署了《经济增长与税收减免和解法案》(Tax Relief

---

[1]　Wolff (2000).

[2]　参见第五章,第六部分。

[3]　参见 Pechman (1987),235－236；Davenport and Soled (1999), 593。

[4]　在财富不平等的趋势中,参见 Wolff (1996 and 2000)。

Reconciliation Act），从 2002 年起逐步减少遗产及赠与税，并于 2010 年废止遗产税。由于该法案有效期在 2010 年底届满，因此遗产税仅消失了一年。[5] 很显然，2011 年会出台更进一步的税收立法。事实上，遗产税是否会从 2010 年起被废除，仍未有定数。

在竞选当中，布什先生反复强调其反对遗产税的主张。在最后一场总统候选人辩论中，当被问及为何要全面废除遗产税而非限制其影响时，布什先生这样回应道："我只是认为，不考虑地位和身份而对人们的财产进行二次征税是有失公允的。这关乎公平，是原则问题，而非政治作秀。"[6]

长期以来，遗产税都是敏感的政治问题——面对家庭成员和小企业主的困境，这一问题日益凸显。然而，现在很多人似乎同意了布什总统的观点，认为对财富的无偿转让征税会引发突出的原则问题。[7]

然而，问题不在于资产被征税的次数。很难确定此种异议仅仅是煽动行为，还是确有困惑。税收不同于惩罚，后者是不会对同一犯罪实施两次的。遗产税也并非是对同一笔收入二次征税，销售税也并非就同一笔收入或交易二次征税。多个不同税种经常对人们的资产进行"二次"征税，如销售税是对人们税后收入的支出进行征税，财产税是对用应纳税收入购买的资产进行征税。这些情形中的任何公平问题，都与多种税的累积效应有关，而与其本身的双重征税无关。

从税负分布的惯例看待这个问题就会发现，真正重要的是与其他人相比，一个人（而非一项资产）需承担的总税负。[8] 因此，在所得税下对储蓄进行双重征税，习惯上会被看成是问题（这是错误的，在第五章中有论述）。因为对储蓄者所征税额远远重于对现时消费者所征税额。并非所有的遗产

---

〔5〕 参见 Joint Committee on Taxation（2001），and Manning and Windish（2001）。

〔6〕 2000 年 10 月 17 日位于圣路易斯华盛顿大学的总统竞选辩论。文字记录参见 http://www.debates.org/transcripts/（last visited June 7,2001）。

〔7〕 包括一些税收理论家，如 Hall and Rabushka（1995），126，写道："遗产税包括双重征税，这违反了健全税收政策的神圣原则。""神圣"似乎有些夸张。

〔8〕 "尽管很难否认在整个文化历史中命理学的象征权力，但是在税收制度的设计中探讨此问题似乎是不合适的。非经济双重征税原则不能成为公平的规范。公平必须与人们的，而非物品的相对税负相关。"（Dodge 1996,563, footnote omitted）

和赠与物都需征税,因此相关比较仅限于支付了赠与及遗产税的人与未支付的人之间。在 2001 年生效的规定下,支付税款的大概是 2% 最富有的被继承人。[9] 在纳税前,每对已婚夫妇通常会转移 135 万美元的赠与或遗产。在 2001 年立法下,2002 年,这一数额上升到了 200 万美元;在遗产税废除之前,该数额进一步增长。此外,每对夫妇向其他个人捐赠的每年单笔最高额为 2 万美元的捐款可以免税。只有超过上述金额的数目,才会被认为是不利于可能发生免税转移的最大值。[10] 不考虑避税的实际可能性[11],不纳税的人要么比纳税的人挣得更少,要么比他们消费更多。

对拥有更高收入和财富的人征收更重税负是否不公平?惯常来看,这是个纵向平等问题。此类问题只能放在分配正义的大背景下看。一些评论家坚定拥护赠与及遗产税,主要是由于其可以对不够进步的所得税加以改进。[12] 甚至用效率良好这样的理由,支持通过迂回途径达到既定水平的累进税。例如,在课税数额相等时,遗产税的扭曲性比所得税更少。[13] 但此处的问题在于累进税的完全通用,无论如何这与“双重征税”毫无关系。

在横向平等的传统议题下,能否提出遗产税公平这一突出问题呢?如果两人拥有同等收入——包括获得的赠与和遗产——但可无偿转让给他人的财富数量不同,这仅仅是由于消费水平差异造成的。或许会认为,公平理念要求对两人征收同等的税,而非对更大的捐赠人征收更重的税。正如第五章中主张的储蓄者公平观点,这仅仅是对该思想的应用,即在各种资源或机会的交替使用中,税收制度应当保持“中性”。相关内容在此不再赘述。[14]

撇开横向平等和双重征税这些伪命题,在该领域有两个真正的原则性问题。首先,通过无偿转让获得的财富和通过劳动积累的财富,是否应

---

[9]　参见 Davenport and Soled (1999),594 - 595。

[10]　参见 Poterba (2000),330 - 331;Gale and Slemrod (2001), sec. 1。一旦税收初见成效,就会对捐赠人或捐赠人的遗产征税 37% 到 55% 之间的税;超过 1000 万美元的遗产税率提高到 60%,直到将边际税率小于 55% 的收益逐步淘汰。关于 2001 年立法带来的变化,参见 Manning and Windish (2001)。

[11]　参见 Pechman (1987),240 - 249;Poterba (2000),341 - 345。

[12]　参见 Graez (1983),270 - 273。

[13]　参见 Holtz-Eakin (1996);Repetti (2000)。

[14]　参见第五章,第三、第四部分。

当享有不同的税收待遇？其次,无偿转让给他人的财富和通过商品及服务消费的财富,是否应当享有不同的税收待遇？换言之,无论是从受赠人还是捐赠人的角度看,都存在财产无偿转让是否应当享有特殊税收待遇的问题。

本章我们将全力探讨财产的非慈善无偿转让。关于慈善性赠与及遗产的税收待遇适当性问题,主要在第五章和第八章中讨论。

二、受赠人税基

在现行所得税下,捐赠人通过储蓄其劳动收入而获得的财富,在其积累过程中要纳税(忽视现在的实现需求),并且非慈善的无偿转让不允许扣除。对受赠人而言,赠与及遗产被排除在所得税税基之外。就遗产而言,税基有免税增长的趋势,这是出于后续资本收益的考虑,以及死亡时所转让资产的价值。[15]

是否存在正义理由,可以将赠与及遗产排除在受赠人所得(或者消费加财富)税的税基之外？考虑财富转让中用于子女抚养费的例外情形,很显然,答案似乎是否定的。之所以在税基中计算消费和财富,是因为它们与福利相关。并且,无偿收入中的消费和财富对于个人的福利贡献,不亚于可能从所赚取收入中得来的消费和财富。这些年来,该观点已经获得了宽税基所得税和消费税拥护者的一致认可。[16] 因此,从受赠人税基中排除捐赠及遗赠,表面上看是毫无根据的,从而需要有特殊理由来证明。

正如布拉德福德所言,尽管税收理论家通常认为,将无偿收入排除在受赠人税基之外是很古怪的——即便在遗产税和增值税中很常见[17]——但

---

[15] 然而,通过 2001 年立法,从 2010 年开始,在遗产税废除后,每一笔遗产被许可用于增加资产升值的数目将会被限制到 130 万美元。参见 Manning and Windish (2001)。

[16] 尽管该主张通常是根据所得或消费的诉求提出的。参见 Simons (1938),56 - 58,125 - 147;Canada. Royal Commission on Taxation (1966),3；465 - 519。Institute for Fiscal Studies (1978),40 - 42,137,183 - 185.

[17] 在 OECD 成员国中,向受赠人征收的遗产税如今远比向捐赠人征收的遗产税要普遍。参见 Messere (1993),302 - 305。

除税收理论家外的大多数美国人反倒认为，无偿收入纳入受赠人税基的情形是古怪而真正具有变革性的。[18] 或许这是另一种情况，法律地位的现状已经自然而然被视为正确，以至于在法律里，改变所带来的任何偏离似乎都是错误的。毫无疑问，日常自由主义正在起作用。如果捐赠人对于其财产享有完全的权利，那么他们就有权根据自己的意愿，不消费此而消费彼——不带任何成本。

还有另一种表述可能更直观，即无偿收入不应当被征税。此类财产转让或许会被认为是发生在私人领域，是政府管辖不到的地方。即便赠与不是发生在家庭成员之间，也不意味着可以赠与任何人。相反，赚得的收入是在公共领域内获取的，交易活动发生在触手可及之处，政府的调控职能也理所当然发挥作用。

与赠与及遗产税联系在一起的，必定还有对隐私的适当关注。至少，还有对过度行政干预的关注。需要对总价值达到适度水平的个人赠与实行年度免税，所有人都就这一点达成了一致意见。这关乎所有人的利益，不仅仅是富人的。依据关键性的法律授权，抚养孩子的家庭角色要求，作为子女抚养费的任何财产转让中，收款人都不应当被征税。类似免税应当适用于配偶之间的财产转让，很可能是留给未亡配偶的遗产免税（我们将在第五部分中讨论这些问题）。

但是，这些关注点显然无法为无偿收入的整体免税提供理由。那种认为政府无权干预非市场交易私人活动的观念是错误的。好政府会使私人生活尽可能达到文明社会中应有的繁荣。但有一点，私人交易在累积效应中产生的影响对公众很重要，社会应当对此加以留意。在这一点上，私人性开始与政治有关，并保留了免受政府干预的私人领域。大多数私人间的赠与不会产生重大的经济影响，但实体财富的代际转移则相反。不能主张通过对收受人免税来保护私人利益。

无论如何，课税并不仅仅是为了便利市场交易，它是增加收入、提升公共供给和经济公平的途径。从这个角度看，认为不应对巨额无偿收入征税

---

[18] 参见 Bradford（1986），37 - 38。

的观点是荒谬的，因为这意味着，辛勤工作，放弃休闲，为经济生活作出了贡献的人应该分担社会的集体负担，而那些不劳而获，得到了飞来横财的人反倒不需要分担。

不将（非抚养性、非平凡的）无偿收入纳入受赠人所得税基的唯一正当理由是行政因素。证明所得税下现有途径正确的可能理由可以构建起来。如果接受了该原则，理想情况下，受赠人应当纳税，捐赠人对捐赠的资产享有税收扣除。从行政角度看，不带此种税收扣除，向受赠人征税是更好的途径。（例如，允许对捐赠人进行税收扣除，可能会激励相对高收入的家庭成员向相对低收入的成员转让收入。[19]）有个看似合理的概率假设，即捐赠人转让财富所产生的所得税通常由受赠人承担，因为如果捐赠人获得税收扣除，那么他们实际转移的财产就会比打算转移的要少。

上述建议存在两个问题。第一，没有理由认为，捐赠人财富的无偿转让应当获得税收扣除，即便受赠人有纳税义务。我们会在下一部分讨论。暂且不考虑这些，还有更进一步的异议。即便受赠人承担了原本应由捐赠人支付的无偿转让资产之税负，税率还是按照捐赠人而非受赠人的经济状况来设定。主张将无偿收入纳入受赠人税基的观点认为，这些收入增加了受赠人的福利，所以理应归入成果分配的评估中。如果对受赠人除财富转让外的经济状况一无所知，那么就无从知晓无偿收入对于受赠人的适当税负有何影响。倘若财富是从非常富有之人转移到非常贫困之人，而贫困者接受财富后仍旧相当贫穷，那么由捐赠人支付、受赠人承担的税收或许会更糟，不会对经济成果的公平有所提升。而成果正是我们应当感兴趣的。

基于同样的原因，将赠与及遗产税添加到现有的所得税中，并不会弥合受赠人从应纳税所得额中排除无偿收入后所造成的差距。即便不考虑现存的过多免税分级和避税问题，即便假设转让税的负担主要由受赠人承担，问题也仍然存在，即税收对于受赠人的经济状况并不敏感。正如我们将在第五部分讨论的，或许会存在无偿收入的税负重于其他收入的情形，因而会发

[19]　参见 Dodge（1978），1187。同时参见 Bradford（1986），97n. d.，文中引用了测算预期继承所积累财富的难度。

生单独的财富转让税超过合理包含在内的所得税之情形。然而,即便如此,参考受赠人而非捐赠人的状况来调整税负仍然至关重要。任何单独转让税都应当采用遗产税或增值税。这并不否认,从正义观点的角度,如果所得税将赠与及遗产税排除在受赠人税基之外,那么向捐赠人征收赠与及遗产税,总比没有好。

　　将无偿转让包含在受赠人的税基中,是与现行的联邦实践严重背离的。另一方面,排除无偿转让,是现行税收体制中最明显、最恶劣的失败之一,并未考虑人们经济状况的相关信息。出于分配正义目的,何种可能的理念会被忽视? 对人们福利的贡献难道是来源于遗产财富吗? 在第四部分中,我们思考了一些基于效率的理由,而重点在于,缺乏强有力的反面理由的情况下,公平理念要求对(非抚养性、非平凡的)无偿收入征税。

三、捐赠人无税收扣除

　　税收理论家普遍认同将收入包含在受赠人的税基中,然而还存在一些分歧:如果确实这样做了,那么捐赠人是否应当获得税收扣除? 理解此种分歧的最好方式是,首先考虑在(现金流转)消费税下的适当待遇。问题在于,就捐赠人一方而言,赠与及遗产是否算作消费? 如果不算,那么在消费税下就应当可扣除。这无法仅仅通过考虑消费概念就能回答。问题在于,赠与及遗产对于捐赠人福利起到了何种作用。不足为奇的是,仁者见仁,智者见智。很明显,捐赠人从财产转让中有所获益。同样明显的是,捐献100万美元和用这笔钱来购买商品服务,对捐赠人而言是有所差别的。并不是说前者对福利的贡献总是少于后者。对于高水平的商品和服务消费而言,反过来的可能是真的。

　　关于是否将无偿转让算作消费的讨论似乎过于狭隘——出于同样的理由,我们反对将消费税基作为唯一的依据。给予家庭成员或其他人的财富,很显然会对某种意义上关乎公平的福利有所贡献。然而,特别是,在涉及对分配正义极其重要的巨额遗产时,将贡献解读为通过善意认同他人福利而获得的满足感,或者是伴随遗嘱心愿而来的"温情效应"(为了提及经济学文献中探讨的两种可能性),都是非常肤浅的。[20] 更确切地说,伴随巨额赠与及遗产捐献而来的满足感,只是财富对个人福利的综合贡献之一。捐献赠与及遗产的力量很有价值,即便是对于不进行捐赠的人而言——是指那些只有极其模糊遗嘱计划(或只有无遗嘱继承法律知识)的未立遗嘱者,或者是指那些在去世时痛下决心,认同安德鲁・卡内基(Andrew Carnegie)关于"万能的金钱会摧毁孩子"之观念的人。[21]

因此,没有必要去追究人们为何献出赠与物及遗产,以及这样做对于增添快乐的作用有多大。不可否认的是,财富本身对福利有所助益,并且在很多人的认识里,财富的可传递性是造成财富转移的原因之一。自愿将自己的消费换成他人的消费,并不会破坏此种价值。不论财富是自留还是捐献出去,富人都能享受到好处。捐赠人不适用税收扣除的情形,并不取决于以给予为乐的任何理论。当财富本身对人们福利的作用被正视时,税收扣除的情形就消失了。

这回答了在消费税或所得税(或者消费和财富税)下,捐赠人是否应当获得赠与及遗产的税收扣除。可能会遭到反对的是,此观点回避了消费税基的问题,这排斥了财富税本身。可以这样回应,即关于赠与及遗产是否应当算作消费的考量,有助于带出纯消费税基的不足,从而强化第五章中的观点。

四、细节与异议

我们已经主张赠与及遗产应当被纳入受赠人的所得税基中,并且不应当给予捐赠人税收扣除。目前为止,我们可以推论,不论是从捐赠人还是受赠人的角度,赠与及遗产都应当获得令人满意的税收待遇。在下一部分中,我们将会探讨,相比用于其他目的或通过其他途径获取的财富,赠与及遗产适用更严格税收待遇的可能性。然而,我们首先必须丰富细节,并且对当下

---

[20]　参见 Fried (1999b) 及其相关参考文献。

[21]　参见 Carnegie (1962),19 - 21。

反对我们主张的异议进行思考。

显然,很有必要界定何为子女抚养费,以及何种年度减税应当适用于不受国税局干涉的小额私人赠与。受赠人税基中的突出豁免应当包括:配偶间的赠与可获得无限制免税,但对遗产不必如此;为抚养子女购买医疗和教育服务可获得无限制免税;为抚养子女购买的可消耗品可获得进一步免税;给任何人的私人赠与可获得小额的年度免税(如每一对捐赠人与受赠人1000美元额度)。

在别处已有论述,此处不再赘述。[22] 关键在于,阐述免税的确定原则。第一,抚养费转移税——主要由父母承担,由于税收的原因,他们会不情愿承担哪怕更少的抚养费——总计相当于抚养孩子的负担,而非以其他方式使用资源。在一个将抚养孩子的主要职责赋予父母的文化和法律制度下,这是明显不适当的,并且不符合用于家属的免税条款。同一原则或许可以保证给其他法定亲属的抚养费获得免税——如年迈的父母。第二,从经济公平的角度看,通过影响小额个人赠与的分散效应而对私人事务进行干预,这显然弊大于利。不管是从这些原则中延伸出何种恰当的规则,很显然都不足以为一对夫妻给孩子的200万美元财产提供免税依据。

如果一笔百万美元的赠与及遗产被包含在受赠人第一年的税基里,但是接下来的四十年里没有发生更多的财产转让,那么就会有"群聚"效应,从而引起对受赠人经济地位的错误评价,并由此引起更高边际税率的不当税收。一般而言,分配正义的相关时间点并非一年,而是人的一生。一年仅是行政可变期间,似乎从一生的时间远景里才能获得公平正确的结果。[23] 因此,支持将赠与及遗产纳入受赠人所得的主张者建议使用平均仪,以便可以像对待长时间的分期付款那样处理遗产。[24]

在关于遗产税的政治争论中,关注较多的是遗产继承人的困境。由于遗产税,继承人无力负担家族生意或农场的运营。这个威胁由于政治原因被严重夸张,家族农场是比家族股票投资组合更值得同情的遗产税

〔22〕 参见 Dodge (1978 and 1996);Ascher (1990)。

〔23〕 有关准确度的主张,参见 Slemrod (2000),5。

〔24〕 参见 Dodge (1978),1181。

受害者。然而,不管价值多少,这一点同样适用于遗产纳入受赠人所得税的情形。问题在于流动性,这对于所有形式的财富税都是普遍的,包括类似的财产税。然而,在巨额遗产的情形下,问题会经由群聚效应而加重。有个合理免税的情形,与平均课税策略一起,或许还有递延课税策略,和那些在遗产税下已经可用的情形一样,可以有效地将其对家族企业的威胁降到最低。[25]

我们还将探讨税收理论家所讨论的一些相对有技术性的问题。将无偿收入纳入受赠人的所得,是否会抑制潜在捐赠人的工作或储蓄呢?[26] 或许会。如果捐赠人为了进行无税赠与而更努力工作或消费更少,却发现那些更小额税收的赠与,其实可以用一小时工作或放弃一单元的消费来支付,那么就无法证明此花费是合理的。其次,如果捐赠人转让的赠与是特定净价值的,那么为了储蓄而工作可能是受鼓励的。无偿收入的税收或许也会鼓励受赠人工作或进行储蓄。[27] 一如既往地,替代效应和收入效应都在起作用,这需要实证研究来决定哪个才是更重要的。[28] 共识似乎在于,并未证实赠与及遗产税对于捐赠人在工作与储蓄之间的抉择有影响。[29] 在任何情况下,特别是如果政府还有其他途径可以促进资本投资,以及还存在其他有利于税收的理由,诸如分配正义,那么既定税收会减少储蓄的这一事实就不会成为具有决定性影响的反对因素。[30]

路易斯·卡普洛(Louis Kaplow)已经主张,转移税收和将无偿收入包含在受赠人税基中,两者都会对赠与产生抑制作用,并导致福利损失。[31]

[25] 参见 Dodge (1996),574;关于遗产税下企业继承人的有益讨论,参见 Davenport and Soled (1999),609 - 618;Gale and Slemrod (2001)。
[26] 这是 Edward McCaffery 设想的关于遗产税废除的"自由"情形;参见 McCaffery (1994a and 1994b)。对于 McCaffery 观点的有效批判,参见 Alstott (1996b) and Rakowski (1996)。
[27] 参见 Rosen (1995),497;Gale and Perozek (2001)。
[28] 参见 Alstott (1996b),385 - 386。
[29] 参见 Holtz-Eakin (1996),512 - 514;Holtz-Eakin 在此是讨论遗产税的行为后果,但得出的结论应用于赠与及遗产税后价值减少之行为结果。参见 Rosen (1995),498。
[30] 参见 Holtz-Eakin (1996),513。
[31] Kaplow (1995b)。

依据他的分析,赠与应当获得补贴,而非受到惩罚。争论还在继续。赠与可以带来好处时,人们才会这么做。当赠与通过减少福利所造成的效用损失大于通过受赠人利益及/或"温情效应"的利他认同所获得的效用,人们就可以从捐赠行为中获益。也就是说,当决定是否要捐赠时,人们只会考虑自己的获益,而非受赠人的获益。然而,从社会福利的角度看,这两者都有价值。因此,给捐赠人的补贴不管何时都会提升社会福利。大体说来,该补贴足够驱动捐赠人捐赠,并确保用于社会条件的花费少于赠与带来的总收益。

从道德上讲,由于数额大到可纳入受赠人所得的大多数赠与及遗产,均来自富裕的少数人,因此此类补贴的不良分配效应无疑会超过其立竿见影作用于捐赠人及其收入而积累财富的贡献。[32] "论优点,"约瑟夫·道奇(Joseph Dodge)评论道,"很多人会认为,除了提高上层阶级的福利,政府可以更有作为。"[33]但卡普洛的观点遇到了更深层的问题。关于赠与的现有水平未达最优的观点,取决于对人们动机的极端还原假设。也就是说,我们只会做对自己最有利的事情。尽管如此假设,但是福利经济的标准或许足够接近市场行为的真实一面。在赠与及遗产的范围内,这是相当荒谬的。[34]如果否认捐赠人通常由于其助益受赠人的能力而变得更为富有这一事实,那么是非常愚蠢的。同样,如果主张捐赠人仅仅受个人利益的驱动,那么也是非常不明智的。这彻底否定了诸如家庭责任感、社会角色等公认的重要动机("这就是人们想要我们做的")。

然而,即便从总福利的角度看,赠与及遗产的现有分级也不是次优的,仍有其他理由不支持对赠与进行额外课税。能富裕到进行巨额赠与的人,有时会在赠与和个人消费之间进行选择。或许,即便该税负是由捐赠人承担的,对受赠人征收赠与税也不会抑制赠与行为。有些人认为,不应该对应受褒奖的储蓄者征收比消费者更重的税负,即便抛开激励效应不论[*];还有人认为,捐赠比消费更具有社会价值,对捐赠施加处罚是不当的。

---

[32] 参见 Fried (1999b),670–671。

[33] Dodge (1996),576.

[34] 关于此假设的普遍批判讨论,参见 Sen (1977)。

[*] 这是本书第五章第五部分讨论过的"公共池"观点。

如果一对夫妇送给刚离家生活的孩子一辆宝马车,而孩子必须为这个礼物纳税,那么这就是捐赠人承担和支付税负的情形。结果造成父母赠车给孩子比为自己买车的花费还要高。[35] 即便假设税收不会抑制赠与,甚至假设双重税收的工作不利于规范,难道对捐赠人征税高于消费者不是更可悲吗?

如下是一种特定情形:捐赠人要么愿意承担赠与物的税负,要么别无他选。赠与物的价值必须足够高才能纳税。然而,任何情况下的异议都是基于"税收应当追踪赏罚"这一难以置信的观点,或者是基于"在消费选择中税收应当保持中性"这一同样难以置信的观点,这些相同的观点构成了所得税下对于储户待遇的类似抱怨。此处不再赘述已在第五章提及的与上述观点对立的理由。某种程度上,捐赠人仅仅是吸收了受赠人的纳税义务,将赠与物纳入受赠人税基,并未达到考量该赠与对受赠人经济地位所产生之影响的目的,似乎也没有达到其他积极目的。然而,想以这种方式防止捐赠人隐瞒受赠人以逃避纳税,是不可能的。[36] 事实上,不论对捐赠人或受赠人的课税是否合法,对无偿收入所征税负的显著特征之一是,税负的归属可以由捐赠人决定。由此可以得出结论,即此类情形是针对无偿收入之合理税收待遇所产生的不可避免的副作用。从正义、公平或效率的角度看,此种副作用并非其本意,也不会令人反感。

五、平等机会与转移课税

第五章曾经论述过,根据经济正义评估的合理标准,财富有助于福利,因此不应当被排除在课税范围外,可以体现为所得税或年度财富税的形式。如果假设财富的合理课税或其自然增长额是合适的,并且进一步假设无偿收入被纳入受赠人的税基,那么还会存在针对财富无偿转让的附加税吗?《米德委员会报告》(*Meade Committee Report*)陈述如下:

----

[35] 参见 Dodge (1996),570–571,有此种讨论;Dodge 认为,该观点归属于 Daniel Shaviro。
[36] 没有干涉遗嘱(更不用说赠与)自由的原则;参见 Dodge (1996),530–531。

"我们认同这样的观点:在基于公平和经济激励更重课税(与除所有者个人的报酬和储蓄外积累的财富相比较)的讨论中,继承的财富被公认为是合适的主体。相比那些仅仅因为含着金勺子出生就能获得同等财富的人,通过个人努力和进取心积攒财富的公民,更应该得到更好的税收待遇。对后者课税更轻,抑制个人努力和进取心的负面作用就会更少。"[37]

本段中的公平理念引发了对机会平等的讨论。最强烈反对财富继承不平等的理想版本,被我们称为平等自由主义,所以我们将从这里开始讨论,但与当下的政治气候无关。

平等自由主义意味着,在缺乏实践障碍或其他充分的反面理由的情况下,无偿收入应当被国家没收,并在所有人中平均再分配。[38] 这将是创造公平竞争环境的唯一方式。如果正义要求所有人都有平等机会在既定经济制度中蓬勃发展,表面上看起来对一些人不公平,但对于那些基于独立的经济选择而获得财富和额外经济机会的人而言,并无不公。

即便抛开实际考虑,那些认同此结论的人或许相信,政治伦理的进一步考量会令此立场更为柔和。比如,认为捐赠人与受赠人之私人关系毫无作用的顾虑,在免税代码的禁止下行不通;认为人们有权利选择助益别人,而非仅仅依赖国家经济制度的公平机制。当彼此平衡时,相互冲突的各种想法倾向于认为,且不谈前文提及的针对抚养费和小额赠与之免税,相比通过挣钱积累的财富,理应对无偿收入征收更重的税。只要税收不是完全充公的,赠与行为就仍可存在,基于个人选择而助益他人的有限权利将会赢得尊重。[39]

设想一下,通过这些极其抽象的伦理考量,会得出如下问题的具体结论:免费获得的财富在何种程度上应当被重新分配,以此来提升正义的平等自由形式? 合适的机制是增值税,也就是受赠人为累积的此类收入累进纳税。[40] 与捐赠人的征税和正义理念不符,因为其对于潜在受赠人的相对位

---

[37] Institue for Fiscal Studies (1978),318.
[38] 关于此效应的清晰陈述,参见 Rakowski (1996)。
[39] 参见 Rakowski (1991),158–166。
[40] 详细谈论参见 Sandford, Wills, and Ironside (1973); Halbach (1988)。

置并不敏感。由于目标是横跨每年度的不同生活,而非不同人群的机会平等程度,因此税收应当在累积基础上计算,采用的税额是根据按期的个人总免税收入确定的特定收入。最后,需要累进,因为累积增值越高,机会不平等就会产生更多。

《米德委员会报告》提到了更深入的复杂问题。普通增值税在赠与及遗产被接收时对其课税。该税收对于受赠人持有该财富的时间长短并不敏感。[41] 这可能很重要,因为根据机会平等理论,一旦财富被送给了别人,就会丧失额外的机会。因此,米德委员会建议采用累进年度财产及增值税(Progressive Annual Wealth and Accessions,即 PAWAT)。在此税种的精确设计下,如果无偿转让的财富在短时间内又转手给了他人,那么课税会更少。

累进年度财产及增值税中还存在一些问题。[42] 特别奇怪的是,收入中用于消费之财富与一个人余生中拥有之财富课税相同。判定财富被持有时日的多寡时,只有给他人的无偿转让才是相关因素。有人或许会回应道,21岁时消费了遗产的人,与直到 85 岁仍持有该遗产的人拥有同样的机会,因此理应缴纳相同税收。不过,这也可以说成是在 21 岁时捐出财产的人,因为其保留财产的机会还存在。似乎无法为累进年度财产及增值税中的混合方法找到合理依据。

我们不会深究最优增值税的细节。在我们的观念里,目前所考虑的与此税收有关的关乎正义的根本原因,实际上是相当弱的:作为税收体系的补充,独立提供了充足的财富年度税收,并将无偿收入纳入受赠人的税基。[43] 在前面的章节中,我们已经解释了,为何不能将分配正义单独按照机会平等来理解。平等自由主义观念过于看重成果评价中的责任与选择,但对成果本身的重视不够。

将机会平等原则作为成果之正义原则的补充,这是一个不同的问题。

---

[41] 参见 Institute for Fiscal Studies (1978),320。

[42] 参见 Rakowski (2000),334 - 347。

[43] 如果在包含于受赠人税基的遗产和无偿收入中对未实现的收益进行课税,那么废除遗产税之后的税收会更多。参见 Galvin (1999),1326; 同时参见 Galvin (1991)。

比如罗尔斯,尽管他认为适用于成果的机会公平平等原则本身是不充分的。根据此种方法,基于正义的成果评价是独立于选择的,然而平等机会的可得性被视为独特而基本的社会价值。关键是,在特定的经济制度中,人们都有合理的机会得以蓬勃发展,但不像经济制度那样,能确保其对人们所能达到的最终成就负责到底,因为还要考虑他们一生中创造的机会。[44]

对分配正义中选择与责任的重要性进行解读的这种方式,并不能推导出没收无偿收入的初步理由,这是因为根本就不需要机会的实质平等。在具备正常能力的所有人都能获得至少一次机会,以通过自身努力得以成功发展的制度中,给予了选择及责任以足够的重视。成果中的分配正义会顾及其他方面。

一旦我们放弃解释适当条件下与责任和选择相关的正义内涵,而去加入关乎公平成果分配的原则,对机会实质平等的要求似乎就动机不明了(这是无论如何也未可满足的)。责任范围中至关重要的,是人们所拥有的毕生前进的能力,发生在他们身上的一切,极大程度上取决于他们自己的选择,但并非是特定经济体制下与其他人同等的成功机会。

超过合宜之最低标准的经济机会不平等,不同于性别、种族、宗教信仰及性取向歧视带来的不平等。这些歧视,实际上是非法剥夺了个人作为社会成员的平等地位,这是完全不能接受的。相反,实质平等中影响个人经济机会,包括无偿收入在内的所有因素,似乎是疲软的——只要人们可以充分掌控各自前景,并且成果正义是有保障的。

鉴于实践问题及竞争价值,那些将无偿收入的充公作为理想的人,或许会赞成与此理想落差不太大的实际政策。这种理论上的差距,不会造成同样巨大的税收政策差距。然而,此类收入的额外税所带来的一些精神偏好必然会保留。

然而,即便是从平等自由主义角度看,对无偿收入更高课税价值的怀疑还有更深层的原因,即来自现实生活的原因。在资本主义社会里,财富的继承并非阻碍机会平等的唯一因素。更重要的是,当我们从十分复杂的角度

---

[44]　参见第三章,第八、第九部分。

来观察时,促使人们生活好转的,是人力资本从父母到孩子的传递,特别是通过家庭及学校教育的途径。[45] 不平等的来源或许是无法消除的——除非废除家庭这一形式——而此种不平等在人们得以继承财产的年龄到来前就存在了。[46] 此种不平等优势是最基本、最有价值之人际关系类型的自然产物。然而,可以做更多工作的是,通过向所有人提供充足的公共教育来缩小差距。

呼吁提高财富转移税的人有时会同意这样的观点,即继承的财富仅是影响所谓起点上机会平等的威胁而已。[47] 然而,考虑到人力资本的重要性,通过让那些继承了财富的人境况恶化,似乎并不会很大程度改善那些只拥有最有限机会的人的未来前景。

这意味着,在对财富充分课税并将无偿收入纳入受赠人税基的体系中,有理由将财产增值税加入其中。《米德委员会报告》呼吁综合考虑效率因素和公平因素,以此支持对继承财富的课税要重于劳动所得财富。尽管关于效率的观点站不住脚,但如果这是出于合法的社会目的筹集税收的更有效途径,那么我们也不会认为,对继承的财富征收比劳动所得财富更重的税负在任何情况下都是不公平的。我们只不过是排斥这样的观点,即正义本身需要给予无偿收入特殊的税收待遇,甚至是在理想情形下的充公。

六、结论

在现行税收体系中,无偿收入在所得税下的税收待遇,和赠与及遗产税下的高额免税一起,都是极度非正义的。在界定纳税义务,鉴定个人财产来源时,没有理由忽视其所增加的价值200万美元的继承财产。随着2001年税收立法条例的生效,在下一个十年,情况只会变得更糟——某种程度上,这是他们咎由自取的。

现行税收体系最糟糕的特征之一是,死亡不被看作是捐赠人的实现事

[45]　参见 Becker (1993)。
[46]　参见 Nagel (1991), chap. 10。
[47]　参见 Ascher (1990), 91。

件。为了赋予受赠人资本以课税义务，遗赠资产的税基在捐赠人死亡时是"超过"公平市场价值的，资产应当在不久后售出。[48] 这使得死者一生中产生的任何资本增值，都可以获得完全的税收赦免。毫无可能为如此巨大的税收突破找到合理依据——近来，每年会流失 300 亿美元左右的税收——这是为富裕的继承者服务的，却以牺牲大多数纳税人的利益为代价。[49] 当然，如果出于税收目的，将无偿收入纳入受赠人的所得，那么问题就会消失，因为对资产全部价值的征税是可付的。然而，在缺乏更具根本性改革的情况下，对死者甚至临终时都未意识到的资本增值给予永久税收赦免是令人愤慨的。[*]

在对财富充分征税的税收体系下，如果无偿收入的税负落到受赠人身上，那么额外财富转移课税的道德危机将会不容乐观。如果有单独的转移税，那么它应当采取累进的财产增值税，而不是施加给捐赠人的赠与及遗产税。但话说回来，这并不意味着，我们支持在当下非理想情形下废除赠与及遗产税。由于不对无偿收入纳入受赠人应纳税所得额进行重大变革，因此更别说死亡时资本增值的全额课税了，这将是更伟大的税收正义之路上的重要一步。[50]

1896 年，瑞典经济学家克努特·维克赛（Knut Wicksell）提出了一个沿用至今的评论："从社会角度看，主要将采取有力措施来防止法律和习俗纵容下不劳而获的财富积累，并抑制其不经济的使用方式。"

实现此目标的唯一实践途径，似乎在于要认识到，遗产、遗赠或赠与有必要牵涉两方面。既有捐献的权利，也有收受的权利。这些必须严格区分

---

[48]　I. R. C. § 1014，在此基础上提供升级换代优势。本章脚注 15 对此条款的修订于 2010 年全效。

[49]　相关讨论参见 Zelenak（1993），这看似合理地主张了，死亡时的资本收益实际上将死亡视作实现事件，更好地将被继承人的基础留存至已完成的实现事件。同时参见 Dodge（1994）。

[*]　西蒙斯（1938），164—165，将此描述为他所在时代所得税制度下"最严重的单故障"。这或许是个微小的弥补，但 2010 年废除遗产税的近期立法有提出；同一年开始的，是对税基中免税递升的限制。参见本章脚注 15。

[50]　此外，这会为联邦及州的所得税逃税行为打开重要的机遇之门。参见 Blattmachr and Gans（2001）。

开来,并根据各自的价值来区别对待。

　　对超出必要范围的捐献权利的限制,即便现在也经常违背正义和平等的理念,并且可能会基于经济理由而受到严重质疑。

　　继承的权利排在第二,更恰当地说,如果该词是作为无限制收受之权利的含义,就必须作出不同解释。除非我是被严重误导了,否则该词其实是基于社会及家庭关系中现已废止不用的概念。[51]

---

[51]　Wicksell (1896),111.

第八章　税收歧视

一、差别待遇的理由

如我们所强调的,关于税收制度公平或公正的大多数问题,应该通过将税收视为更全面经济状况的一部分来解决,包括以货币形式或通过公共供给,对公共物品和重新分配作出的支出,连同就业、经济增长和财富与收入分配有关一切支出的影响。税收政策的大纲——税基的确定,累进性的存在或不存在,对于低收入者,一般个人免税额或补助或者税收抵免的额度——将是社会在实施经济和社会公正理念时所凭借的总体财政政策的重要方面。

但税收立法一般与支出立法不同,税收政策本身就不可避免地会引起对公平或不公平的判断。在某种程度上,这些判断是基于对税收使用的粗略假设,因此反映了更多关于公平的全球观念。关于累进税或总体税收水平的差异,将部分反映关于不平等的重要性和再分配的合法性之差异。但还有另一种更微观的问题,尤其是学生和税收政策观察员持有这种问题。这种问题是在不同类型收入或支出,特征不同或特定情况不同的人员的税法,甚至是在给予不公平税收后或多或少又被剥夺的背景下的差别对待——或至少不受基于同样详细理由的批判。

那么，无论人们认为所得税是否过于累进、不够累进，还是恰到好处，房屋抵押贷款利息扣除是否公平，还是已婚夫妇和未婚夫妇的收入差别对待，或者处理资本收益和其他收入的差别对待，都是独立的问题，这仅仅是列举了一些突出的例子。问题在于，无论出于何种原因，若税收制度对不同处境的人实施了差别对待，那么就有必要决定哪些差别是重要的。累进税或比例原则，扣除和豁免，与纳税人的经济和个人情况息息相关。问题是，为此目的，情况的哪些差异是相关的？

该问题棘手的方面是，在许多情况下，税收目的差别相关性主要是工具性的。也就是说，无论不同纳税人是否存在具体特性，税收差异仍然存在，这是税收政策的全球影响对纳税人所实施的差别对待。例如，是否把投资收益或资本收益视为与工资不同的决定，几乎肯定会以资本增长和资本流动性的大规模经济效应为基础，而不是基于内在的公平性。然而，这些问题常在税收政策文献中的横向公平之标题下讨论——好像可以通过直接引用公平标准来解决。[1]

正如我们在第二章和第五章所讨论的，横向公平的传统观念被定义为平等对待某些纵向公平标准的平等，它含有一个错误。这个错误就是将税前收入、消费或财富视为道德基准，然后称不同个人应基于一项标准，并根据个人自身的不同情况来缴纳多少税费，以尝试制定关于公平的标准。真正的公平问题应该关于税后结果，而不是关于他们与税前情况的关系。我们想知道什么样的税收计划能筹集足够的资金来支付政府和公共服务的费用，同时促进社会经济公平，促进或至少不妨碍动态经济。这个问题不能通过单独决定谁应该在同一级别纳税，哪些人应纳税多或纳税少来解决。重申我们已经反复提出的这个观点：这不仅仅是关于公平和公正，摒弃其他一些事物的单一问题，如"不同纳税人何种财产变量（P）的何种功能（F）可以确定他们应该缴纳多少税费"，正义比这个问题更为复杂。

---

[1] 在包括德国和意大利在内的一些国家，横向公平的理念被提升到宪法原则的层面，参见 Vanistendael (1996)，20 - 23。

然而,在其更广泛的目标背景下,税法的细节也包含某些特征和区别,这些特征和区别不是出于大规模的工具理性,而是严格地针对减税。这些功能要求基于公平来进行评估。正是当一项规定将有利税率形式的补贴再分配纳入已经具有部分再分配功能的广泛方案时,合法地引起了反对不公正的行为。这不是横向公平的一般性问题,而是税收歧视的有限问题。

任何税收减免都是从未获得减免的人到获得减免的人的再分配,后者的更多可支配收入需要前者更高的纳税额。所以,问题就是,除了从富到贫进行再分配外,还有从租户到房主,从储蓄者到消费者,从单身到已婚(反之亦然),从年轻人到老人,从有孩子的人到没有孩子的人,甚至从视力健康的人到盲人之间进行的再分配。

近年来,旨在鼓励某些支出和选择的特殊税收优惠已日益增多。这种资助被称为税式支出。[2] 其中,许多税式支出进入实业中,以鼓励各种投资,如加速设备折旧计划,以及收取石油和天然气勘探费用。但个人也直接受益——例如,免除雇主对医疗保险和团体定期人寿保险缴款的征税,以及儿童保育和亲属护理的税收抵免。除了社会保障、工伤赔偿和军人残疾养恤金外,还有税收免除来增加福利。此类优惠涉及更广泛的税收,往往在它们的影响中具有高度选择性。虽然它们本身可能是公正的,但是如果一个人有多种资格的话,那么可能会减损这个系统寻求更广泛公平功能的有效性。

大多数税收优势或劣势,旨在为公平以外的其他目的服务。房主自用住宅估算租金的纳税豁免和房屋抵押贷款利息扣除促使住房自有,这可能被视为有助于社会稳定;烟草税不鼓励吸烟;退休计划的免税鼓励长期储蓄和过去工作期间的经济独立。只要是政府的正当目标之一,即使"差别对待",也总有税收规定为此目的服务。

使之存疑的,是其与系统整体再分配目标的关系。烟草税占穷人收入的比例,要高于在富人收入中所占的比例。房屋的税收优惠由租户支付,因为前者一般来说更富有,这也助长了经济的不平等,以及与种族和性别相

---

[2]   参见 McDaniel and Surrey (1985)。

关的经济差距。纳税大户比起小型纳税人来说,获得的税收减免更多,所以在一个具有渐进税率的体系下,比起低收入者,高收入者可以获得更多的房屋抵押贷款利息扣除和慈善事业减税。关于抵押贷款利息或慈善捐款数额统一百分比的税收抵免将会更为公平。

纳税人之间的公平问题,在涉及具体方面时,必须考虑税收所支持的政府更远大的目标,即把社会看成整体,以囊括某种形式的公平或公正。相对于这样的目标,与其他通过避免任何差别对待来更好地服务系统更远大目的替代方案相比,如果通过重新分配利益和负担来减轻效应,那么此类特定的税收规定可能会在较小规模上出现不平等性。这个标准肯定了差别对待的积极理由,因为对税收恣意的批评,通常可以通过这种差别合法性进行反驳。

即使差别对待的最终目的是合法的,还有是否合情合理的问题。撇开经济公平或其他合法的社会目标不谈,某些形式的纳税差别本身就是错误的吗?除了法律允许的积极行动外,在我们的制度下,明显的种族、宗教或性别差异对待是不允许的,即使这样做有助于实现我们的最终目的。[3] 引入或加剧种族、性别或者宗教不平等的政策(与可行的替代政策相比),即使这种影响不是故意的,也应该取消资格,或者至少要符合更高的正当性标准。[4]

二、例子:婚姻惩罚

我们在第二章注意到,关于向纳税人开放的所有选择,除了一次性税收之外,没有任何税收可以在其激励效应中处于中立。总体上来说,要求税收制度以这种方式中立是不符合逻辑的。但是,还有一个限制税收歧视原则

---

[3] In Moritz v. Commissioner,469 F2d 466 (10th Cir 1972),法院判称,税法典中只允许女性扣减扶养人照料费用,而不对未结婚男性同样扣减的法条是违宪的。

[4] 早期研究通过税收的性别歧视问题,参见 Blumberg (1972);也可参见本章第三部分。近年来,有关税收歧视的问题越来越多地聚焦于性别、种族和性取向。参见 Alstott (1996a);Brown and Fellows (1996);Cain (1991);McCaffery (1997);Moran and Whitford (1996)。

的机会。在那些应努力保持中立的国家中,要求对那些差别影响惩罚或奖励某种类型选择的任何政府创造的经济结构,提出更高的正当性要求。

例如,在累进税制度下,已婚夫妇的税收处理及由此产生的婚姻"奖励"和婚姻"惩罚"问题出现了。[5] 通过研究这个案例,我们可以更清楚地看到避免某些类型的差别影响的观点是不公平的。

当两个收入者结婚时,他们纳的税往往更多,这是目前引发政治热情和政治言论的事实。佛罗里达州共和党代表蒂利·福勒(Tillie Fowler)先生的激情言论表明:"因为两人相爱而向他们征税,还有什么比这个更不道德?"[6]麻烦的是,另一个平等对待的原则引起了现行税法中的问题,即总收入相同的已婚夫妇以同样的税率纳税,但是收入在他们之间平分,这意味着,在累进所得税下,边际税率越来越高,未婚纳税人比起具有相同收入的已婚纳税人(有时候一个,有时候是另一个),将会以更高或更低的税率纳税。另外,平等对待单身和已婚纳税人之间,以及平等对待有一个收入者的家庭和有两个收入者的家庭之间,有一个不可避免的选择;我们无法同时兼顾。[7]

目前的税法具有以下推论:收入同为 X 的两个单身人士,他们的合并纳税低于每人收入 X 的已婚夫妇所缴纳的税款,而收入同为 X 的已婚夫妇所缴纳的税款,等于一人收入 2X,另一人无收入的已婚夫妇所缴纳的税款,反过来又低于一个收入 2X 的个人所缴纳的税款。[8] 简单表达:

$$T(X)+T(X)<T(X+X) = T(2X+o)<T(2X)$$

第一个不平等是婚姻惩罚,第二个不平等是婚姻奖励。[9]

在这些平等和不平等现象方面,是否就公平而言作出了适用于所有应缴税的高收入阶层的可靠判断?[10] 其背后的想法显然是,家庭而不是个人

---

〔5〕 参见 Vanistendael (1996),22-23。

〔6〕 参见《纽约时报》,Feb. 11, 2000, p. A22。

〔7〕 参见 Bittker (1975)。这篇文章也对下文要讨论的生活水准给出了观点。

〔8〕 这与个人具有一个税收豁免而夫妻具有双重豁免的想法大相径庭。

〔9〕 参见 Joint Committee on Taxation (2001); Manning and Windish (2001)。

〔10〕 在所得税抵免规定中也有婚姻惩罚,出处同上。

应为纳税单位,但是已婚夫妻和未婚个人纳税税率之间的差别不应太大。所以,双方均具有收入来源的夫妻,比在他们结婚前缴纳的税款还要多;而只有一方有经济来源的夫妻,比起有经济来源的一方在结婚前缴纳的税款就没有那么多。这可能符合不同单位在税后收入之后所获得的生活水平的某些关系。收入 X 的未婚个人,其生活水平由于规模经济原因,比收入 2X 的已婚夫妇的生活水平要低一些,而且对于收入 2X 的已婚夫妇,由于他们是两个人,因此他们的生活水平比起收入 2X 的未婚个人而言也要低一些。这似乎是合理的,前提是 X 不能太大。

所以,我们可以把税法对婚姻的对待看作是一种累进税的微调——试图使税率和税后收入根据家庭生活水平的差异来调整,而不是因为个人收入的差异而有所不同。如果累进税应符合生活水平,那么已婚与未婚的区别可能大体上是公平的,至少对于在十分之一以下的收入是这样的。这反对了那些认为在现行制度下,婚姻的纳税义务不公平的说法。这不仅仅是对恋爱的一种惩罚。

然而,这一论点受到文化发展的冲击。今天,许多人坠入爱河,没有结婚便生活在了一起。[*]双方均有收入来源的异性夫妻可以从规模经济中受益,而不会引起婚姻惩罚,因此可能不会结婚。另一方面,只有一方具有经济来源的同性夫妻,可以形成经济单位,但不能从婚姻奖励中受益。纳税差别问题不会因为对生活水平的辩解而消除。不论将同性恋夫妻排除在合法婚姻之外是否合理,在税法中单纯忽略婚姻以外的关系便是不合理的。然而,通过承认税法中的"同居伴侣关系",可能会纠正这一特殊的反对意见。(这会使更多人可以获得联合申请的奖励,但当然不会消除婚姻惩罚。)

值得再次强调的是,我们这里关心的不是所得税应该试图避免对人们的生活水平产生不平等影响;考虑到他们的情况,这些人的税前收入给予了他们优越的生活水平,如果不可能,那么就完全由他们处置。当然,生活水平很重要,但税后结果是否不公平,以及非税前分配的名义变化是否不公

---

〔*〕　更不用说已婚夫妻分居的不利情况。

平,才应该是更为重要的。

三、激励效应和恣意性

作为基准的税前收入不适合性,在另一方面是较为明显的。平等税前收入的不平等税收对激励有影响。它使不同来源的相同税前收入对于所有的人来说或多或少是值得的,并且倾向于使税前收入更昂贵来吸引从业人员或投资者从事纳税更高的创收。这意味着,税前收入本身将受到预期纳税水平所诱发选择的影响,所以通过简单地参照税前收入来评估该水平的适当性,显然是不合理的。有时,像市政债券免税一样,这些激励效应是有意而为的。[11] 但是,无论是否是有意为之,很难看到它们本身的不公平性,除非其改变激励机制的方式对一个阶级的可用选择产生不利影响,而这一阶级的平等机遇是社会关注的话题。

婚姻与税收之间的关系,再次提供了这种差别性影响的严肃例子;在这种情况下,税前收入未作出调整来弥补税收差别。这是一个不关乎分配公平或激励不结婚,但关乎激励工作的问题,即在第二收入者(在当前社会状态下,一般为女性)纳税后联合申请补偿的效果。(第二收入者是配偶,其工作是可选择而不是强制性的。)如果考虑到丈夫是为了赚钱而工作,那么妻子是否去工作的决定将基于她全部的工资会按照边际税率来纳税——这意味着可支配收入的奖励将远远低于其工资,这可以从她们的个人免税额、任何独立扣除及可能的较低边际税率中获益。[12] 如果我们增加育儿费用来使她出去上班,那么情况更糟——这是育儿税收抵免的一个很好的理由。

这些差别激励从公平的角度来看是重要的,因为它们大大加强了家庭中的劳动分工,这与妇女在整个社会中处于劣势地位的情况紧密相关。即使妇女想要在外工作,但第二收入者的高纳税负担也使得家务劳动显得在经济上更为可取。这是关于性别而不是分配公平的问题,尽管它在机会平

---

〔11〕 参见第二章,第八部分。
〔12〕 Eissa (1995);Alstott (1996a),2017 - 2022.

等的大范围内更加适合。可以通过转向纯粹的个人纳税制度来改善这一情况，但这当然会破坏同样收入的单一收入来源和双收入来源夫妻待遇的公平性。也许现在认为这是与性别歧视具有等同性问题的时候了。似乎可能因社会角色的不同而对男性和女性产生不同的影响，提供了存有异议的税收歧视的严肃案例，而且这个问题值得继续审查。[13]

每一项税收，如人均税一样，不能撇开它们所做的一切而单独对个人进行评估，这些税收都会对人们的选择产生一些动机的后果，一些"扭曲影响"。对于人们对工作、休闲、消费、所有权和生活方式的经济重大决策来说，现代税收制度不能期待在其激励效应方面表现中立。如果要求中立，那么税收制度就比较特殊，与性别、种族、宗教等基本事项有关。那么就没有什么不公平，如对巧克力冰淇淋征税，但不对香草巧克力征税，尽管这是专制的。

然而，对非中性的普遍关切仍然存在，甚至为这种基本税收改革问题的反对意见提供了依据，即所得税是否应被消费税替代。正如我们在第五章所提到的，有可能会有支持此类变更的严肃论据。但是，我们也试图解释，为什么储户认为对其采取歧视行为，本身就是一个虚假的道德问题——与授予无子女夫妻扶养亲属免税额而歧视他们一样严重。

同样，房屋抵押贷款利息扣除及自用房屋估算租金的非纳税性，通常被认为是歧视租户。但这些不是道德上有趣的类别。[*]抵押扣除是否是一个好主意，这取决于对于年轻家庭来说，收入的损失和其他地方更高税收需求是否得到广泛住房自有的社会期许的补偿。看起来可能最无根据的抵押扣除，则是其对第二住房的延展。

而一般来说，我们不能通过单独评审一项税收优惠政策来确定其是否不公平。我们必须决定：(a)其是否通过转移一些费用或暗中减少或者增加再分配数额，以扭曲我们普遍公平概念需要的公共供给再分配和融资；(b)

---

[13] 对于强制性分别报税的支持意见，参见 Kornhauser (1993)；Zelenak (1994)。对于目前歧视女性的税收规定，参见 Blumberg (1972), and Mc Caffery (1997)。

[*] 相比之下，关于现行房屋税收方式具有种族歧视影响的论据必须予以重视。见 Moran and Whitford(1996)。

是否符合财政政策的其他目的和合法性，这足够重要，以至于可以忽略任何此类短缺。

在普遍合法的背景下，任何扣除或豁免在原则上都可能构成公平性问题。有意的赋税减免或税式支出，可能会扭曲系统更广泛的再分配目标；不幸的是，这种支持所需活动的方法已经越来越普遍，代替了直接拨款。政治杠杆作用往往与它有很大的关系，这种影响往往是有些专制的。但是，通常确定违反横向公平的方法不是可靠的指导。与税前平等性的偏差，不是那么值得严格审查的。

取代横向公平标准的是，在税收是基本部分的财产体系中，避免道德上存在异议或因异议而产生的不平等。什么是存有异议的，这将取决于不同的公平理论，并且部分与生活水平的状况有关，部分与超出人们能够控制的原因影响有关，部分与缺乏在人们控制之下的原因有关，这将给予他们更多的责任。无论如何解释，一个特定的税收优惠、漏洞或豁免是否是不公平的，这应该由它是否破坏了系统促进社会公平目标的能力来决定。但是，在绝大多数情况下，我们认为，与神话般的无税世界相比，传统上设想的横向公平，不应被视为税收公平的重要问题。

第九章 结论：政治

一、理论与实践

这本书传递给我们的主要信息是，社会公平应该是指导税收政策的准则，而不是税收公平，且财产权是惯习性的，它们在很大程度上是税收政策的产物，税收政策必须按照社会正义的标准进行评价，所以它们不能用来确定什么税收是合理的。

但是，像这样的评价和理论主张，与现实世界中的税收制定之间存在很大的距离。国家政策不是由哲学家国王制定的。在一个民主政体中，它是由政治代表制定的，而该代表则可以被他们的选民罢免，且现实的活动情形不得不承认这种体制的复杂动态。纯粹思考什么是正义，在国家政策的讨论中占有其一席之地，而且是道德和政治哲学中的一项主要任务。但是，从这样一个理想的描述到它的制定甚至产生影响，还有很长一段路要走；而且，如果这种理想涉及对根深蒂固、在潜意识中感觉它们似乎是自然形成的观念之批判，那么阻碍将会非常强大。此外，对正义的呼吁只是政治辩论的一个动机，而且绝不是最有力的。所有这一切将我们带入了另一个问题，从以上的思考当中，我们可以得出何种政治上可行的结果，以及在现代资本主义民主政体的多元选民中,什么样的混合动机可以用来支持合理并可行的税收政策?[*]

从税收正义到社会正义的视角拓宽,与其说是脱离普通政治,不如说是脱离传统的税收政策分析。诚然,目前的政治辩论使得横向公平的传统问题更加引起公众的注意,而横向公平仅仅关注税收负担的分配。但是,通常来说,当公平成为大众辩论中关于税收制度的一个议题时,它与过高的经济不平等、个人责任、减贫、机会均等、基本社会保障的普遍保障,以及政府和其他公用物品的费用分担之间的差异有关。

我们关于税收政策和当前政治理论问题之间关系的讨论,大部分都适用于这些辩论,并尝试通过更精确地罗列和区分可能的立场来对之澄清。我们已经讨论了持有不同正义观念的人希望税收制度所针对的不同种类的结果;为什么人们不同意将大量收益留在得利于资本主义经济的人及他们的后代手中是公平的;以及国家对有效社会最低限度的公众保障的可取性。尽管像社会保障和医疗保险一类的计划,在当前的美国社会政治主流中不容质疑,但是这类计划的范围和资金来源却备受争议。我们自己及彼此责任的可认知哲学问题,对于此处的政治冲突是至关重要的。

我们的做法与日常政治标准思想之间的巨大差异,就在于对财产传统性的坚持,在于对财产权在道德上具有根本性的否定。对于税收公平的传统概念及其政治类似物的抵制,要求人们拒绝这样一种观点,即人们的税前收入和财富在任何道德意义上是他们的。我们必须把财产视作是税收制度产生的东西,而不是受税收制度影响或侵犯的东西。财产权是人们税后在他们有权控制的资源上所拥有的权利,而不是税前。

例如,这并不意味着,我们不能提及从富人的税款中拿钱给穷人。但这所意味的,并不是我们从一些人中拿走已经属于他们的钱,而是相较于他们在更少的再分配制度下所能拥有的金钱来说,该税收制度分配给了他们较少的应算作他们的金钱。上述再分配制度将更多的金钱留在富人的私人控制之下,也就是说,更多的是他们的。

---

〔*〕　我们搁置了一个对美国来说要小于其他国家的重要实践限制因素,即国际金融市场施加给经济政策的压力,包括税收政策。该问题唯一的解决方案,似乎存在于国际经济机构。

我们承认，这种转变对于纯粹传统的财产观念来说，是违反直觉的。大多数人自然地认为，税收是对他们财产的征收——从他们手中拿走一些原本属于自己的金钱，并将之用于政府所决定的各种用途。我们假设，多数人本能地认为，他们的税前收入是属于自己的，直到政府从其手中将之取走，并且也以同样的方式思考别人的收入和财富。政治言辞借鉴了这种自然的思考方式："你比政府更知道如何使用你的金钱……盈余不属于政府，它属于人民。"

改变这种思维方式需要一种格式塔转型，而希望这种观念上的转变能够很容易地变得很普遍是不切实际的。这并不是人们不愿意支付税款，而是他们趋向于认为，税收是政府对之前分配的财产和收入的侵犯，征收和再分配必须据此证明是合理的。这个问题有这样的形式："应该从我身上拿走多少属于我的钱用于支持公共服务或给予他人？应该从别人身上拿走多少属于他们的钱来给我？"而我们一直主张，正确的问题是："税收制度应如何在个人的私人控制和政府控制之间划分社会产品，以及什么因素导致或许可决定谁最终得到什么？"

如同我们所见，以这种方式提出这个问题，仍然留下答案的根本分歧余地，而它很可能引起强烈抵制。这听起来太像是整个社会产品实际上全部属于政府的说法，且所有税后收入应被视作我们每个人从政府收到的一种救济，如果它选择眷顾我们。对此，自然的愤慨反应将是，仅仅因为我们是同一个国家的国民，但这并不意味着共同拥有彼此及我们的生产贡献。

但这里有一种误解。诚然，我们并不拥有彼此，但是这种观点的正确之处在于关于财产权制度形式的主张，其对个人自由和责任给予了应有的重视。这并没有证明以税前收入——从逻辑上说，个人并不能就该收入得到完全的私人控制——作为基准开始是合理的，偏离该基准必须有合理的理由。

国家并不拥有它的公民，公民也不共同拥有彼此。但是，公民个人除了通过国家制定和执行的法律外，也不拥有任何东西。因此，税收的问题并不是关于国家如何拨出和分配其公民已经拥有的东西，而是关于它如何使所有权得以确定。

我们承认非常希望这种哲学观点，对于大多数人而言，在心理上变得真实。税前经济交易在我们的生活中是如此显著,以至于应决定它们的结果并赋予其真实意义的政府框架退缩到意识背景当中。剩下的是一种强大而令人信服的错觉,即我们赚取的收入,政府将其中一部分从我们身上拿走,或者在一些情况下,政府使用从别人那里所拿的金钱对其进行补足。这导致了对税收的广泛敌视,并为有的人提供了一种政治优势,他们开展反税收运动,抨击美国国税局(IRS)是一个专制的官僚机构,试图染指我们辛苦收取的金钱。

如果政治辩论不是关于政府会在税收上拿走多少原本属于我的金钱,而是关于包括税收制度在内的法律应如何确定什么算作是我的,那么它虽然不会终结关于再分配和公共供给优点的分歧,但是将改变它们的形式。该问题将变成在共同制定的财产权制度中,我们希望支持并反映什么样的价值观——应当为减轻贫困及提供同等机会给予多少重视;应征收多少,以确保人们从自身努力中获得回报,或者就所欠缺的努力受到惩罚;应征收多少,以使人们在他们的自愿互动中不受干扰。不排除首选制度将是一种否认国家在应对经济不平等方面实质责任的制度,但是该立场不能依赖于对税前财产权的支持。

试图让一个传统主义思想产生这样一种转变的困难在于,人们对真正属于他们的财产权——法律规定在他们自由控制之下——有理所当然的戒备,而且这些占有欲的情绪,并不会自然地将它们限制在税后资源的范围之内,这似乎太抽象了。事实上,税前收入才是一种抽象的概念,而其却是工薪阶层或雇佣阶层最为熟悉的数字。要取代它们代表了薪资起始点的感觉并不容易,由此税收成了对该值的背离,这对很多正义理论的政治影响构成了障碍。

二、正义与自身利益

有一种完全不同的方式来看待该政治辩论,然而这可能更为重要。目前为止,我们一直在谈论社会正义,以及关于它的不同的构思方式。但是,很显然,对于美国政坛最不经意的观察者来说,决定公民政治选择的主要动机及政客的言辞,尤其是当他们谈论税收时所表达的主要动机,是个人的自身利益。从某些政治合法性理论的角度来说,这种观点甚至并没有什么不妥之处。根据这一点,民主进程的意义是通过汇集个人利益并相互平衡来达成共同决策。但是,如果这样的话,那么试图在该辩论中加入明确的正义思考的意义又是什么呢?

我们认为,这种政治和政治合法性的看法太过于简单。对正义的呼吁无处不伴随着对自身利益的呼吁,包括在政治上及在个人的思想上——即使自身利益占据主导地位。在第二届布什政府开始时,向美国人民提出不成比例惠及富人的减税政治方案,如果其不能作为一个公平问题提出,那么将不那么令人信服。说"这对大多数人尤其是富人是有益的,所以我支持它"是一回事,而说"只有每个人都能享受到税收减免才是公平的"则完全是另一回事。即使这样的谈话是虚伪的,它也确实和长期存在的、具有巨大吸引力的税收公平观念相联系。[1] 没有认真对待这种税收正义的观念、使它们受到批评并提出替代方案,就不会在政治层面上取得任何进展。然而,基础问题仍然存在,因为正义和自身利益的动机可能指向不同的方向,无论是对个人来说还是对团体来说,而且在它们之间寻找调和点的过程,会造成一些最困难的伦理、政治理论和可实行政治的问题。

处于资本主义经济中的个人追求他们在市场中的自身经济利益,不论劳动力还是其他货物的买方和卖方均是如此。正是经济自身利益,在很大程度上决定了他们回应税收法律的方式——在他们可以的时候作出选择,以减少其税务负担或增加其税后收入。那么,为什么我们不期望每个人在经济上以作为个人最佳基础来支持一般税收政策呢?这并不一定是对他们征税最少的政策,因为大多数人认识到,他们从一些必须由税收资助的政府活动中受益。但是,这很可能意味着,每个公民或团体将支持使他们在全部税收中所占份额最小的制度,且富人将强烈反对以税收为基础将收入转移给穷人,而穷人则会呼吁对富人征收更高的税负。

在某种程度上来说,这是在政治中发生的,政客们通过吸引不同的利益群体,使他们保持中间偏右或偏左的政治信念。但是,如果仅仅是这样,那

[1] 实证分析人们在衡量税收改革中公平感的重要性,参见 Hite and Roberts (1992)。

么税收政策辩论将不再存在公平或正义的问题。这将仅是一场基于自身利益的选票争夺战。在美国，货币对政治活动的直接影响会变得复杂，这意味着那些能够为政治家提供巨大出资的人，会使他们的利益比那些无法提供的人受到更密切的关注，并且获得与他们数量不成比例的立法争议优势——关于谁当选及他们支持什么税收政策。这些都为最近美国政治所常见，降低税收的问题引起了激烈的争议。

　　然而，尽管存在金钱的重要性及经济利益的直接冲突，我们仍然认为得出这就是正在发生的一切之结论，是过于悲观的。美国政治也充斥着对什么是正确的诉求之争论，而且它们并不一定全是虚伪的理性化，即使它们当中有许多是这样。一些富裕人士支持再分配政策，这会使他们拥有的财富少于在其他情况下最终可能拥有的财富[2]；其他人主张由于涓滴效应，减少富人的税负对所有人都有好处；一些较穷的人反对向富人征收重税，并主张废除遗产税。换句话说，尽管人们的政治选择在一定程度上，至少有一部分受自身利益驱动，但是多数人也承认对道德争论应给予一定重视。他们希望能够将其对自己和对其他人的政治偏好表现为正确或正义的——从可以适当考虑社会全体成员利益的角度来看，是可以接受的。

　　任何对于税收正义规范性原则的执行有兴趣的人所面临的一个巨大问题，是在自身经济利益的动机和正义选民的动机之间预计可以容忍多大的张力。换句话说，只要获得大量公民的支持，在正义基础上提出一个政策，就能够获得政治上的胜利是真实的吗？上述公民在不同的政策下，将在经济上更加富裕。这个问题对于再分配措施具有特殊的作用，该措施对构成我们的社会少数群体的穷人给予了特别的关注；但是，也可以从自由主义的角度看待有利于富人而牺牲中下阶级的反再分配政策。

　　在美国，由于其单选区和其两党制赢者全赢总统选举，因此政治家已经就该问题给出了明确的答案：你可以使用道德主张，但是必须按照大多数选民的个人利益陈述你的政策。而且，即使你的目标是应对不平等现象，为了该目的，在政治上最为可行的方案也可以通过为每个人的利益服务的方式

_____

〔2〕　令人感动的一个例子，就是最近由巴菲特和盖茨带头的一群巨富对遗产税的支持。

呈现。即使它们实际上是通过资金募集而实现再分配,像社会保障和医疗保险方案,也可以弱化这一特征,产生如此广泛的选区,以至于使它们几乎是无懈可击的。

因此,即使那些功利主义或平等主义理想,在一种制度中受到最佳服务的人,也应该寻求能让每个人受益的具体政策。上述制度优先提升社会底层的生活水平和机会——即使他们为最贫穷的人所做的少于理想替代方案,后者需要太多的道德动力。这种和那些在经济上欠富裕的人团结一致的意识,在我们的社会中如此微弱,以致无法赢得选举,尽管它可以被吸引过来,作为对共同自身利益的基本政治食粮的补充。

换句话说,可能有一个限制,在某种程度上,在资本主义社会或任何其他社会的人预计能从他们的私人动机中区分其政治动机。(该限制是否仅仅是心理上的,或者它是否在道德上是正义的,这是一个我们将搁置的问题。)某些区分必然是可行的,而且实际上,对于民主政府中一般意义合法性而言,是至关重要的。政治家有责任通过呼吁尊严及赞同来唤醒公众动机。但是,经验建议我们不应该期望太多。当对自身利益及道德正直的呼吁可以达成一致时,政治家们往往感觉最为舒适。

三、合理的政策

我们试图在社会和经济正义方面,提出重要的对手立场,但是我们并没有隐瞒关于真相所在领域的看法。尽管对道德和政治理论的基本问题抱有不同的看法[3],但是我们在税收制度应该达成的目标上大致是一致的。在本部分,我们将介绍一些我们看来合理的政策,作为实现这些目标的手段,并考虑到在之前章节所讨论的政治可行性之条件。

我们认为,社会经济正义的主要问题就在于此。资本主义市场经济是我们所拥有能够创造就业、产生财富、将资本配置到生产及分配物品和服务的最佳方法。但是,它也不可避免地造成了巨大的经济和社会不平等现象,

[3] 参见 Nagel (1991), and Murphy (2001)。

这通常是世代相传的,使社会的一大部分不仅是相对而且是绝对地处于贫困状态,除非采取特殊的措施来应对这些影响。我们的看法是,虽然每个政府都具有保障国外和国内安全、免受强权和暴力威胁,并且提供使繁荣成为可能的法律秩序的基本义务,但是找到一些方式能够限制对于在市场竞争中不可避免的失败者的伤害,并同时不会破坏该制度生产力,也几乎同样重要。

确保每个人在生活中拥有完全相同的机会是不可能的。最现实的目标是,尽量确保社会中的每个人应至少具有最低限度适宜的生活质量——没有人会因为较低的生产能力、低下的教育水平、严重贫困的童年和家庭环境、不充足的食物、住房和医疗保健而从开始就处于不利地位;而且,即使未能利用合理有利的初始机会的人,也不会落入贫困当中。预防或补偿这些伤害,远比应对上层分配不平等重要得多。这是我们对我们的公民同胞基本的积极责任。

任何比这更加放任自由的看法均是基于道德信仰,即政府唯一的积极义务是:(a)提供使市场经济成为可能的制度体系;(b)保护人们免受暴力和强权;以及(c)提供某些服务于所有人利益的公共物品,但不能私下提供。我们已经解释了,为什么我们拒绝这种看法背后的日常自由主义。没有这种支持,它似乎是任意限制的:为什么仅仅是那些积极义务,而不包括确保所有公民最低限度适宜生活水平的义务?这种认为政府的职能仅是提供和平的经济合作和竞争的条件,而不关注任何结果公平性的想法,太微不足道了。另一方面,虽然我们赞同更强烈的平等主义观点,其认为所承担的社会责任应远超过最低限度适宜生活的水平,但是至少在短期内,其政治前景似乎甚为暗淡。

不言而喻,对于最低基本收入的税收豁免,是社会体系中确保适宜的社会最低限度的一个要素;但是,提升低于平均水平人群状况的最有效方法不仅是对他们豁免税收,而且是从根本上提高他们的可支配收入。困难在于提出这样做的方法,该方法应真正有效并且不会引起其他类型严重的不良影响。[4] 关于最低薪资上涨常年的争论就是一个例子;这似乎是一种措

---

[4] 对各种选择的深入分析,参见 Shaviro (1997)。

施,能够对仅有最低工作技能人员的收入进行适度改善,因为大量增加会在
经济上造成过大的损害。

我们认为,直接现金资助是更好的方式,而困难的问题是如何对其进行
设计,以免妨碍接受人从事有偿工作。这个问题的重要性不能被夸大。家
庭至少一个成员从事有报酬的生产性工作是获得自尊、稳定、独立和社会成
员感的重要条件。对工作形成阻碍的现金资助,在社会层面是有破坏性的。

另一方面,资助给那些不能工作或已经超过期望能够工作年龄的人,并
不具有相同的不利影响。这就是为什么社会保障福利是不成问题的。它们
防止社会中每个人在老年时,不会跌至最低的生活水平,而且同时它们在这
个没有强制退休的年代,对持续不断的工作造成阻碍,它们并不劝阻社会希
望继续就业的人继续工作。虽然这个事实在某种程度上为所有工人支付的
社会保障税及作为捐款的一个功能的福利所掩盖,但是该计划显然是再分配
性质的:低收入人群取回比他们投入更多的金钱,而高收入人群则取回更少。

但是,对于提供给那些在工作年龄的人的现金资助计划,即使它部分针
对为太小而不能工作的孩子提供支持,也应采取一种鼓励工作并且不会降
低就业所得,也不会导致家庭破裂的形式,正如某些福利计划所做的。通过
雇主提供、支持税收的薪资补充,将是实现这一方法的一种方式;我们并不
打算在此对该方法进行评估。[5] 在欧洲,以家庭津贴的方式提供的直接补
助金是常见的,为每个有孩子的家庭提供一些支持。显然,这样普遍的计划
具有很多的政治优势,而且如果它能够以再分配的方式筹措资金,那么它将
可以很好地通过社会保障和医疗保险,纠正目前对老年人福利计划的偏差。

但是,一种更有针对性、以需求为基础的收入补充,已经在美国进行了
尝试并取得一些成功——劳动所得税抵免,对于有两个孩子的家庭相当于
收入的 40%,达到 8,890 美元每年。[6] 这种对于低报酬职务工作人
员——那些在竞争激烈的劳动力市场中失败的人,该市场内在的不平等性
已经被广泛认可——的直接福利,似乎已经得到了主流政治接纳。它既对

---

〔5〕 具体建议参见 Phelps (1997)。
〔6〕 参见税法典第 32 条。

反对不平等的人有吸引力,也对那些拥护个人责任、认识到低收入能力并不一定是受害者过错的人有吸引力。

很难知道,接受者的数量或范围有多大,这种直接收入补充的计划有希望成为现实。我们的猜测是,如果一个针对性的现金资助计划在超过收入分配最底层的四分之一进行,那么它将失去所有的政治可行性,而为了保障适宜的社会最低限度而进行的认真努力,将不得不采取一种普遍福利的替代形式,由再分配方式提供资金支持。家庭津贴可能是美国最终会采用的一种方法。如果这样,那么目前前程晦暗的普遍接纳全民式补助,甚至可能会有所改善。

更具体的计划,像全民健康保险和所有社区公共教育的充足资金支持,也是任何完全充分的社会安全网的必要部分。如果将一些这样的措施添加到社会保障、医疗保险和现有对于教育机会的公众支持上,那么这将是迈向社会正义的重要一步,正如我们所理解的。但是,我们认识到,在这里实行社会福利直接公共供应——"大政府"——的抵制力,要比其他富裕国家大得多,所以通过税收制度来扩大可支配现金的再分配似乎是非常可取的,这并不涉及政府运作计划的创建。

谈到收入问题,现在我们要回顾一下前三章广泛讨论的一些问题,即税收基础、累进税和财富的继承。再次声明,我们认为,税收政策不应该由狭义的注重税收负担的分配来制定,而应根据在适当的程度上,为公共物品提供资金支持及保障社会正义的共同目标而制定;在我们的看法中,后者需要试图保护在资本主义经济中表现不佳的个人和家庭的生活与机会,而不会破坏资本主义经济的创造力。

第一个目标,即为公用物品提供资金支持,在第四章进行了讨论。我们曾主张,即使没有引用任何要求减少社会经济不平等性或对最贫穷人群的进行特殊考虑的原则,公共物品也应由具有不平等资源的公民提供不平等的出资进行资助。这是真实的,皆因我们应该希望公共物品供应的水平与可替代私人使用的相同资源相比,能够反映它们对于公民的价值。该价值在货币形式上是不同的,取决于每个公民拥有多少资源。除了它应该是一个正函数外,其本身并没有告诉我们,公共物品的税收应如何随收入而变化。但是,我们对于私人资金的边际效用减少的陡峭程度的认知意味着,除了我们本身也接受的平等主义原因以外,这个因素仅仅提供了关于累进税的重要初步事实。

累进税应该是多少并采取什么形式,关键不仅在于社会正义问题,还在于复杂的经验系数;因此,这是一个我们还没有坚定意见的问题。来自实质个人免税额的净税收的累进税,可能加上某种形式的负所得税,甚至是全民式补助,似乎清楚地表明为任何正义制度的一部分。尚不清楚的是,在边际税率方面,累进税是否适当或缺失。

我们已经表示怀疑,即最优税收理论将最终证明,边际税率下降是合理的。对于第一级收入者,没有证据表明,增加边际税率会对工作时间产生显著的不良影响,至少如果它们不被充公的话。[7] 相似地,税率对于整体储蓄税的影响似乎可以忽略不计或不存在。[8] 此外,在劳动力供应和总体投资水平方面,涓滴理论没有得到经验证实。如同第六章所述,应税收入似乎对税后回报更为敏感,但是这种行为效应本身取决于其在税法上的可能性,且并不是经济政策必须考虑的原始事实。该效应有多大或应该有多大,其本身很大程度上应该是决策者需要决定的问题,就像最佳全民式补助及税率结构一样。[9] 然而,一个反对向高收入者,在边际征收重税的理由似乎已经形成,即他们当中的企业家似乎被高所得税率阻碍了投资支出。[10] 此处供应端的前景显然有一些重要意义。

另一方面,当选择税收基础时,我们并不相信通过转到消费税而免征资本收入是合理的。如果我们对再分配足够认真,那么收入(或者消费加上财富)仍然有适当的税收基础,主要是因为这是金钱所在的地方。包括企业家的财富在内的财富增加,是经济分配上层收入的一个非常重要的部分,而且所得税而非财富税或财产增益税,向其征税在政治上最为可行。[*]认为未

[7] 参见第六章脚注 18。
[8] 参见第五章脚注 23。
[9] 参见第六章脚注 23。
[10] 参见 Carroll, Holtz-Eakin, and Rosen (2000)。
[*] 我们搁置了许多的辩论问题,无论资本收益是否应和其他收入以相同的税率进行征税。对该问题的适当调查,还需要关注企业所得税的作用,这是一个我们还没有解决的论题。

受纯粹消费税影响的全部税收收入,都可以通过政治上可行的财产增益税进行有效收回是不切实际的。

税收政策的两个实际问题——累进税和继承税——与另一个正义问题有关。这个问题就是,在倾向于经济分配顶层的巨大的不平等性是否是有争议的,与提升底层人群的生活水平和机会的准则无关。美国当前的政治和道德氛围并不敌视高额工资与高额财富积累,并且对于这些财富的代际转移也没有获得太多的关注。公众舆论似乎认为,资本主义在其最为成功之处,将会不可避免地产生巨大向上的不平等性,而且它们本身并不会造成太大的损害。无论如何,对于巨额私人财富的容忍,是对其不可避免性认知的自然回应。

我们对这个问题并不确定。在一个社会中,一小部分人显然比他们的同胞更富裕,这是显而易见的不公平,而且连续数代人诞生在这样的财富中,即使在社会中没有人在绝对意义上是非常贫穷的。显然,这种好运的很大一部分是不应得的。但是,我们并不知道这有多重要——它是否是不利的,尤其是对那些生活在这样一个不平等境地的社会弱势群体。将你自己和财富稍高于你的人相比,很可能比考虑那些在经济最上层的人要更加痛苦。无论如何,不应得的不可思议的好运本身,并没有什么值得反对的。而且,将顶层的人拉下来,并不是一种很容易使用且在政治上有吸引力的捍卫政策之主张,除非它是一种能够提高剩余人群物质水平的方式。

但是,我们也坚定地拒绝反对的看法,即经济上的获益者保留他们的巨额收益并将其传给他们的子女,在道德上是应当的。类似的这种看法似乎成为对遗产和赠与税的敌意基础,即使对非常富有的人,这在我们的社会中越来越普遍。对于废除有关遗产的所有税收的广泛支持,不能仅仅体现顶层经济层中人群的自身利益,因为在目前的联合遗产和赠与税下,毕竟只有遗产的一小部分会被征税。

在死亡时,对大家族财富的征税,无疑应被视为用于再分配和其他用途的合法收入来源,而且在政治上应是可能的,以使其不违反基于正义的道德授权或自然财产权。如同我们在第七章所主张的,最有力的方案可以将遗产包含在接受人的应纳税所得中。但是,即使在政治上唯一可行的选择是,继续向赠与人的遗产以单独的遗产和赠与税的方式征税,消除这种收入来源也将明显迈向更大的不公正。

最后,任何减少富人税后可支配资源的政策建议,都必须应对金钱在美国政治中的重要性。人们将在可能的地方花钱,以获得或保留更多的金钱。如果政治献金不受限制,那么我们可以预计,对于社会经济正义的追求会受到因之在经济上遭受最大损失的人群不成比例影响的阻碍。幸运的是,这得到了广泛的认同,并且竞选财政制度改革也开始了严肃的运动。进行这种改革所必须的相同的力量将使其难以制定。但是,如果限制竞选支出成为法律并被判定为符合宪法,那么由巨大的财富集中而导致的一个显著的不公正现象将被消除。

四、有效的道德观念

没有什么比税收更加平凡,但是它们为持续的道德辩论和可能的道德进步提供了完美的环境。道德思想的进步是缓慢的,而且有效的进步不可能仅仅来自理论家,如同在数学中一样。在数学中,其他所有人都乐于相信专家,但是对于正义,一个新的观念和主张不会获得权威,除非有很多人将其纳入自己的思维模式中,并开始以其为动机,判断该做什么,以及该支持或反对什么。

通过回顾废除奴隶制、民主的成长,以及对完全的性别和种族平等的公众认知,我们能够看到道德的变化需要花费多长的时间。对于我们显而易见的事情,曾经对于很多人而言,远不是显而易见的——尽管总有在道德上领先他们时代的个人(当然,也有依然在道德上落后的人)。

制定一个符合资本主义,并在民主下可以实现的正义观念,是一项艰巨的理智任务。这将不仅仅要求正义的需求服从于来自另外两方的压力。但是,这种观念的传播,使其成为生活在资本主义自由民主国家中的大部分人思维习惯的一部分,则是一个不同的问题。做合理工作的道德思想,必须是可以掌握并在直观上具有吸引力的,而不仅仅是正确的。

在马克思主义平等观念问世的一个世纪之后,问题是一个不同种类的平等主义社会理想,其在本质上和资本主义经济制度不相容,在付出巨大的代价后,其是否可以在坚定地致力于民主和资本主义的西方民主国家站稳脚跟,而资本主义不可避免地会产生收入和财富的分配不均。这必须取代旧的资本主义关于人类福利责任在慈善方面的观念,之前被理解为受道德驱动的从幸运的人向不幸的人的赠予——取代为另一种理解,即法律制度界定谁拥有什么,以及这些法律制度应符合分配正义的独立标准。

我们认为,从对资本主义如何发挥作用日益广泛的理解来看,在这个方向上是有希望的——在民主社会中逐渐增长的普及的经济素养。公众越来越认识到了这种人们既可以成为市场的受益者,也可以成为市场的受害者的方式,以及它可能会也可能不会为个人提供机会,以使他们通过对投资和生产的贡献使自己更富裕。

有机会在这种背景下立足的平等主义观念是这样一种想法,即在纯粹的劳动力市场,贫困不是任何人的过错,而且如果薪水是按照市场将承受的方式设定,那么大量的人将无法赚取足够的金钱,以维持一种适宜的生活水平。这种不平等性,由一种制度产生,会使大部分人在实质上受益,并使一部分人明显受益,应被视作是该制度不可接受的属性,需要通过某种形式的公众融资社会最低限度保障来纠正——不论是以现金还是以公共供给。这与温和社会民主理想非常接近,这是现代欧洲观点的一个重要元素,它没有理由不作为西方政治日常道德共识的一部分。如果这样,那么更有力的平等主义看法可以开始被视为属于合理的政治意见范畴之内,即使是在美国。

存在已久的平等必须战胜古老的排斥传统——通过世袭等级、通过信仰、通过种族或通过性别。这些胜利体现在,承认向社会中所有成员授予共同的法律和政治地位的权力。在资本主义背景下,表达平等主义社会经济理想不会这么简单。但是,接受社会经济不平等性是不可避免的,可以与坚持在我们共同的制度下,贫困的人不应生活得过于困难的观点共存,其中富裕的人没有理由抱怨在适宜的社会最低限度下,普遍保障会使他们所拥有的钱少于低收入者仍处于贫困中时他们所拥有的。

我们可能希望,尽管在 20 世纪,生产资料公有制决定性失效,但大多数人开始相信,即使在资本主义下的经济组织是一个持续共同选择的合法对

象,其产品也在共有和私有控制之间进行分配,而且必须作出这一选择,因
为它不仅在经济上,而且在道德上亦是合理的,并通过民主程序使之合法
化。在确定该选择的准则上,总会有分歧的空间存在。但至少这样一种前
景,为税收政策正义标准的应用提供了一个明确的舞台,并为其中分歧的哲
学诉求提供了一个角色。

参考文献
References

Ackerman, Bruce and Anne Alstott. 1999. *The Stakeholder Society*. New Haven and London: Yale University Press.

Alstott, Anne L. 1996a. Tax Policy and Feminism: Competing Goals and Institutional Choices. *Columbia Law Review* 96: 2001 – 2082.

——. 1996b. The Uneasy Liberal Case Against Income and Wealth Transfer Taxation. *Tax Law Review* 51: 363 – 402.

Andrews, William. 1974. A Consumption-Type or Cash Flow Personal Income Tax. *Harvard Law Review* 87: 1113 – 1188.

——. 1975. Fairness and the Personal Income Tax: A Reply to Professor Warren. *Harvard Law Review* 88: 947 – 958.

Aristotle. *The Politics*.

Ascher, Mark L. 1990. Curtailing Inherited Wealth. *Michigan Law Review* 89: 69 – 151.

Atkinson, Anthony B. and Joseph E. Stiglitz. 1980. *Lectures on Public Economics*. New York: McGraw-Hill.

Auerbach, Alan J. and Kevin A. Hassett. 1999. A New Measure of Horizontal Equity. NBER Working Paper No. 7035.

Auten, Gerald and Robert Carroll. 1999. The Effect of Income Taxes on Household Income. *The Review of Economics and Statistics* 81: 681 – 693.

Auten, Gerald, Charles T. Clotfelter, and Richard L. Schmalbeck. 2000. Taxes and Philanthropy Among the Wealthy. In Slemrod (2000), 392 – 424.

Bankman, Joseph. 2000. What Can We Say About a Wealth Tax? *Tax Law Review* 53: 477 – 487.

Bankman, Joseph and Barbara H. Fried. 1998. Winners and Losers in the Shift to A Consumption Tax. *Georgetown Law Journal* 86: 539 – 568.

Bankman, Joseph and Thomas Griffith. 1987. Social Welfare and the Rate Structure: A New Look at Progressive Taxation. *California Law Review* 75: 1905 – 1967.

——. 1992. Is the Debate Between an Income Tax and a Consumption Tax a Debate about Risk? Does it Matter? *Tax Law Review* 47: 377 – 406.

Becker, Gary S. 1993. *Human Capital*. 3rd ed. Chicago: University of Chicago Press.

Beitz, Charles. 1999. *Political Theory and International Relations*. Rev. ed. Princeton:
  Princeton University Press.

Bernstein, Jared, Elizabeth C. McNichol, Lawrence Mishel, and Robert Zahradnik. 2000.
  Pulling Apart: A State-by-State Analysis of Income Trends. Washington, D.C.: Center
  on Budget and Policy Priorities and Economic Policy Institute.

Bittker, Boris I. 1975. Federal Income Taxation and the Family. *Stanford Law Review* 27:
  1389 – 1463.

Blattmachr, Jonathan G. and Mitchell M. Gans. 2001. Wealth Transfer Tax Repeal: Some
  Thoughts on Policy and Planning. *Tax Notes* 90: 393 – 399.

Blum, Walter J. and Harry Kalven, Jr. 1952. The Uneasy Case for Progressive Taxation.
  University of Chicago Law Review 19: 417 – 520.

Blumberg, Grace. 1972. Sexism in the Code: A Comparative Study of Income Taxation of
  Working Wives and Mothers. *Buffalo Law Review* 21:49 – 98.

Boskin, Michael J., ed. 1996. *Frontiers of Tax Reform*. Stanford, Calif.: Hoover Institution
  Press.

Bradford, David F. 1980. The Case for a Personal Consumption Tax. In *What Should Be
  Taxed: Income or Consumption?*, ed. Joseph A. Pechman, 75 – 125. Washington, D.C.:
  Brookings Institution Press.

——. 1986. *Untangling the Income Tax*. Cambridge, Mass.: Harvard University Press.

——. 1988. What Are Consumption Taxes and Who Pays Them? *Tax Notes* 39: 383 – 391.

——, ed. 1995. *Distributional Analysis of Tax Policy*. Washington, D.C.: AEI Press.

——. 1997. What's in a Name? Income, Consumption, and the Sources of Tax Complexity.
  North Carolina Law Review 76: 223 – 231.

Brown, Karen B. and Mary Louise Fellows, eds. 1996. *Taxing America*. New York and
  London: New York University Press.

Cain, Patricia A. 1991. Same-Sex Couples and the Federal Tax Laws. *Law & Sexuality* 1: 97 –
  131.

Canada. Royal Commission on Taxation. 1966. Report of the Royal Commission on Taxation.
  7 vols. Ottawa: Queen's Printer.

Carnegie, Andrew. [1900] 1962. *The Gospel of Wealth*. Cambridge, Mass: Harvard
  University Press.

Carroll, Christopher D. 2000. "Why Do the Rich Save So Much?" In Slemrod(2000), 465 –
  484.

Carroll, Robert, Douglas Holtz-Eakin, Mark Rider, and Harvey S. Rosen. 2000.
  Entrepreneurs, Income Taxes, and Investment. In Slemrod(2000), 427 – 455.

Chirelstein, Marvin. 1999. *Federal Income Taxation*. Rev. 8th ed. New York: Foundation
  Press.

Cohen, G. A. 2000. *If You're an Egalitarian, How Come You're So Rich?* Cambridge,
  Mass.: Harvard University Press.

Coleman, Jules L. 1988. Efficiency, Utility, and Wealth Maximization. In Coleman,
  Markets, Morals and the Law, 95 – 132. New York: Cambridge University Press.

Cunningham, Noel B. 1996. The Taxation of Capital Income and the Choice of Tax Base. *Tax Law Review* 52: 17 – 44.

Davenport, Charles and Jay A. Soled. 1999. Enlivening the Death-Tax Death-Talk. *Tax Notes* 84: 591 – 631.

Dodge, Joseph M. 1978. Beyond Estate and Gift Tax Reform: Including Gifts and Bequests in Income. *Harvard Law Review* 91: 1177 – 1211.

——. 1994. Further Thoughts on Realizing Gains and Losses at Death. *Vanderbilt Law Review* 47: 1827 – 1861.

——. 1996. Taxing Gratuitous Transfers Under a Consumption Tax. *Tax Law Review* 51: 529 – 599.

Duff, David G. 2001. Charitable Contributions and the Personal Income Tax: Evaluating the Canadian Credit. In *Between State and Market*, ed. Jim Phillips, Bruce Chapman, and David Stevens, 407 – 56. Montreal and Kingston: McGill-Queens University Press.

Dworkin, Ronald. 2000. Sovereign Virtue. Cambridge, Mass: Harvard University Press.

Edgeworth. F. Y. 1897. The Pure Theory of Taxation. Reprinted in Musgrave and Peacock (1958), 119 – 136.

Eissa, Nada. 1995. Taxation and Labor Supply of Married Women: The Tax Reform Act of 1986 as a Natural Experiment. NBER Working Paper No. 5023.

Epstein, Richard. 1985. Takings. Cambridge, Mass. : Harvard University Press.

——. 1987. Taxation in a Lockean World. In *Philosophy and Law*, ed. Jules Coleman and Ellen Frankel Paul, 49 – 74. Oxford and New York: Basil Blackwell.

Feldstein, Martin. 1976. On the Theory of Tax Reform. *Journal of Public Economics* 6: 77 – 104.

——. 1995. The Effect of Marginal Tax Rates on Taxable Income. *Journal of Political Economy* 103: 551 – 572.

——. 1997. How Big Should Government Be? *National Tax Journal* 50: 197 – 213.

Fleurbaey, Marc. 1995. Equal Opportunity or Equal Social Outcome? Economics & Philosophy 11: 25 – 55.

Frank, Robert H. 1999. *Luxury Fever*. New York: Free Press.

——. 2000. Progressive Taxation and the Incentive Problem. In Slemrod(2000), 490 – 507.

Fried, Barbara H. 1992. Fairness and the Consumption Tax. *Stanford Law Review* 44: 961 – 1017.

——. 1998. *The Rrogressive Assault on Laissez Faire*. Cambridge, Mass. : Harvard University Press.

——. 1999a. The Puzzling Case for Proportionate Taxation. *Chapman Law Review* 2: 157 – 195.

——. 1999b. Who Gets Utility from Bequests? The Distributive and Welfare Implications for a Consumption *Tax*. *Stanford Law Review* 51: 641 – 681.

——. 2000. Compared to What? Taxing Brute Luck and Other Second-Best Problems. *Tax Law Review* 53: 377 – 395.

Fried, Charles. 1978. *Right and Wrong*. Cambridge, Mass. : Harvard University Press.

Gale, William G. , James R. Hines Jr. , and Joel Slemrod, eds. 2001. *Rethinking Estate and Gift Taxation*. Washington, D. C. : Brookings Institution Press.

Gale, William G. and Maria G. Perozek. 2001. Do Estate Taxes Reduce Saving? In Gale, Hines, and Slemrod(2001), 216 – 257.

Gale, William G. and Joel Slemrod. 2001. Overview. In Gale, Hines, and Slemrod(2001), 1 – 64.

Galvin, Charles O. 1991. To Bury the Estate Tax, Not to Praise It. *Tax Notes* 52: 1413 – 1419.

——. 1999. Death-Tax, Death-Talk, A Reply. *Tax Notes* 84: 1325 – 1326.

Gibbard, Allan. 1985. What's Morally Special About Free Exchange? *Social Philosophy and Policy* 2: 20 – 28.

——. 1991. Constructing Justice. *Philosophy & Public Affairs* 20: 264 – 279.

Goolsbee, Austan. 2000. What Happens When You Tax the Rich? *Journal of Political Economy* 108: 352 – 378.

Gordon, David M. 1972. Taxation of the Poor and the Normative Theory of Tax Incidence. *American Economic Review* 62: 319 – 328.

Graetz, Michael J. 1979. Implementing a Progressive Consumption Tax. *Harvard Law Review* 92: 1575 – 1657.

——. 1983. To Praise the Estate Tax, Not to Bury It. *Yale Law Journal* 93: 259 – 286.

——. 1995. Distributional Tables, Tax Legislation, and the Illusion of Precision. In Bradford (1995), 15 – 78.

Griffith, Thomas. 1993. Should "Tax Norms" Be Abandoned? Rethinking Tax Policy Analysis and the Taxation of Personal Injury Recoveries. *Wisconsin Law Review* 1993: 1115 – 1161.

Gruber, Jon and Emmanuel Saez. 2000. The Elasticity of Taxable Income: Evidence and Implications. NBER Working Paper No. 7512.

Halbach, Edward C. , Jr. 1988. An Accessions Tax. *Real Property, Probate and Trust Journal* 23: 211 – 274.

Hall, Robert E. and Alvin Rabushka. 1995. *The Flat Tax*. 2nd ed. Stanford, Calif. : Hoover Institution Press.

——. 1996. The Flat Tax: A Simple, Progressive Consumption Tax. In Boskin(1996), 27 – 53.

Hart, H. L. A. 1994. *The Concept of Law*. 2nd ed. Oxford: Clarendon Press.

Hassett Kevin A. , and R. Glenn Hubbard, eds. Forthcoming. *Inequality and Tax Policy*. Washington, D. C. : AEI Press.

Hayek, F. A. 1960. *The Constitution of Liberty*. Chicago: University of Chicago Press.

Hegel, G. W. F. 1821. *The Philosophy of Right*.

Hershkoff, Helen and Stephen Loffredo. 1997. *The Rights of the Poor*. Carbondale and Edwardsville: Southern Illinois Univ. Press.

Hite, Peggy A. and Michael L. Roberts. 1992. An Analysis of Tax Reform Based on Taxpayers' Perceptions of Fairness and Self-Interest. In *Advances in Taxation*, vol. 4, ed. Jerrold J. Stern, 115 – 137. Greenwich, Ct. : JAI Press.

Hobbes, Thomas. 1651. *Leviatham.*

Holtz-Eakin, Douglas, 1996. The Uneasy Empirical Case for Abolishing the Estate Tax. *Tax Law Review* 51: 495 – 515.

Hubbard, R. Glenn, Jonathan Skinner, and Stephen P. Zeldes. 1995. Precautionary Saving and Social Insurance, *Journal of Political Economy* 73: 360 – 399.

Hume, David. 1739. *A Treatise of Human Nature.*

Hurley, S. L. Forthcoming. *Justice, Luck, and Knowledge.* Cambridge, Mass. and London: Harvard University Press.

Institute for Fiscal Studies. 1978. *The Structure and Reform of Direct Taxation* (The Meade Committee Report). London: Allen & Unwin.

Joint Committee on Taxation. 1993. *Methodology and Issues in Measuring Changes in the Distribution of Tax Burdens.* Washington, D. C. : Superintendent of Documents, JCS – 7 – 93.

——. 2001. *Summary of Provisions Contained in the Conference Agreement for H. R.* 1836, *the Economic Growth and Tax Relief Reconciliation Act of* 2001. Washington, D. C. : Superintendent of Documents, JCX – 50 – 01.

Kaldor, Nicholas. [1955] 1993. *An Expenditure Tax.* Aldershot: Gregg Revivals.

Kaplow, Louis. 1989. Horizontal Equity: Measures in Search of a Principle. *National Tax Journal* 42: 139 – 154.

——. 1995a. A Fundamental Objection to Tax Equity Norms: A Call for Utilitarianism. *National Tax Journal* 48: 497 – 514.

——. 1995b. A Note on Subsidizing Gifts. *Journal of Public Economics* 58: 469 – 477.

——. 1996. The Optimal Supply of Public Goods and the Distortionary Cost of Taxation. *National Tax Journal* 49: 513 – 533.

——. Forthcoming. Horizontal Equity: New Measures, Unclear Principles. In Hassett and Hubbard (Forthcoming).

Kaplow, Louis and Stephen Shavell. 1994. Why the Legal System is Less Efficient than the Income Tax in Redistributing Income. *Journal of Legal Studies* 23: 667 – 681.

——. 2001. Fairness versus Welfare. *Harvard Law Review* 114: 961 – 1388.

Kelman, Mark G. 1979. Personal Deductions Revisited. *Stanford Law Review* 31: 831 – 883.

Kiesling, Herbert. 1992. *Taxation and Public Goods.* Ann Arbor: University of Michigan Press.

Kornhauser, Lewis. 2000. On Justifying Cost-Benefit Analysis. *Journal of Legal Studies* 29: 1037 – 1057.

Kornhauser, Marjorie E. 1993. Love, Money, and the IRS. *Hastings Law Journal* 45: 63 – 111.

——. 1996a. Equality, Liberty, and a Fair Income Tax. *Fordham Urban Law Journal* 23: 607 – 661.

——. 1996b. The Rise of Rhetoric in Tax Reform Debate: An Example. *Tulane Law Review* 70: 2345 – 2371.

Kotlikoff, Laurence J. 1989. *What Determines Savings?* Cambridge, Mass, and London:

MTT Press.

——. 1996. Saving and Consumption Taxation: The Federal Retail Sales Tax Example. In Boskin(1996), 160 – 180.

Kymlicka, Will. 1990. *Contemporary Political Philosophy*. Oxford: Clarendon Press.

Lindahl, Erik. 1919. Just Taxation—a Positive Solution. In Musgrave and Peacock(1958).

Locke, John. 1690. *Second Treatise of Government*.

McCaffery, Edward J. 1994a. The Political Liberal Case Against the Estate Tax. *Philosophy & Public Affairs* 23: 281 – 312.

——. 1994b. The Uneasy Case for Wealth Transfer Taxation. *Yale Law Journal* 104: 283 – 365.

——. 1997. *Taxing Women*. Chicago and London: University of Chicago Press.

McDaniel, Paul R. 1972. Federal Matching Grants for Charitable Deductions: A Substitute for the Income Tax Deduction. *Tax Law Review* 27: 377 – 413.

McDaniel, Paul R. and Stanley S. Surrey. 1985. *Tax Expenditures*. Cambridge, Mass. : Harvard University Press.

Manning, Robert F. and David F. Windish. 2001. Tax Analysts' Guide to the Economic Growth and Tax Relief Reconciliation Act of 2001. *Tax Notes* 91: 1773 – 1811.

Messere, Ken C. 1993. *Tax Policy in OECD Countries*. Amsterdam: IBFD Publications.

——. 1998. *The Tax System in Industrialized Countries*. Oxford: Oxford University Press.

Mill, John Stuart. 1871. *Principles of Political Economy*.

Mirrlees, J. A. 1971. An Exploration in the Theory of Optimum Income Taxation. *Review of Economic Studies* 38: 175 – 208.

——. 1986. The Theory of Optimal Taxation. In *Handbook of Mathematical Economics*, vol. 3, ed. Kenneth J. Arrow and Michael D. Intriligator, 1197 – 1249. Amsterdarm: North – Holland.

Moffitt, Robert A. and Mark O. Wilhelm, 2000. Taxation and the Labor Supply Decisions of the Affluent. In Slemrod(2000), 193 – 234.

Moran, Beverly I. and William Whitford. 1996. A Black Critique of the Internal Revenue Code. *Wisconsin Law Review* 1996: 751 – 820.

Murphy, Liam. 1996. Liberty, Equality, Well-Being: Rakowski on Wealth Transfer Taxation. *Tax Law Review* 51: 473 – 494.

——. 1998. Institutions and the Demands of Justice. *Philosophy & Public Affairs* 27: 251 – 291.

——. 2000. *Moral Demands in Nonideal Theory*. New York: Oxford University Press.

——. 2001. Beneficence, Law, and Liberty. *Georgetown Law Journal* 89: 605 – 665.

Musgrave, Richard A. 1959. *The Theory of Public Finance*. New York: McGraw-Hill.

——. 1996. Clarifying Tax Reform. *Tax Notes* 70: 731 – 736.

Musgrave, Richard A. and Peggy B. Musgrave. 1989. *Public Finance in Theory and Practice*. 5th ed. New York: McGraw-Hill.

Musgrave, Richard A. and Alan T. Peacock, eds. 1958. *Classics in the Theory of Public Finance*. London and New York: Macmillan.

Nagel, Thomas. 1986. *The View From Nowhere*. New York: Oxford University Press.

——. 1991. *Equality and Partiality*. New York: Oxford University Press.

Nozick, Robert. 1974. *Anarchy, State, and Utopia*. New York: Basic Books.

Parfit, Derek. 1991. Equality or Priority? The Lindley Lecture. Lawrence: University of Kansas.

Paul, Deborah L. 1997. The Sources of Tax Complexity: How Much Simplicity Can Fundamental Tax Reform Achieve? *North Carolina Law Review* 76: 151 – 221.

Pechman, Joseph A. 1987. *Federal Tax Policy*. 5th ed. Washington, D. C. : Brookings Institution Press.

Phelps, E. M. 1997. *Rewarding Work*. Cambridge, Mass. : Harvard University Press.

Pigou, A. C. 1947. *A Study in Public Finance*. 3rd ed. London: Macmillan.

Pogge, Thomas. 1992. Cosmopolitanism and Sovereignty. *Ethics* 103: 48 – 75.

Poterba, James M. 2000. The Estate Tax and After-Tax Investment Returns. In Slemrod (2000), 329 – 349.

Rakowski, Eric. 1991. *Equal Justice*. Oxford: Clarendon Press.

——. 1996. TransferringWealth Liberally. *Tax Law Review* 51: 419 – 472.

——. 2000. Can Wealth Taxes Be Justified? *Tax Law Review* 53: 263 – 376.

Rawls, John. 1999a. *The Law of Peoples*. Cambridge, Mass. And London: Harvard University Press.

——. 1999b. *A Theory of Justice*. Revised ed. Cambridge, Mass. : Harvard University Press.

Repetti, James R. 2000. The Case for the Estate and Gift Tax. *Tax Notes* 86: 1493 – 1510.

Rosen, Harvey S. 1995. *Public Finance*. 4th ed. New York: McGraw-Hill.

Samuelson, Paul A. 1954. The Pure Theory of Public Expenditure. *Review of Economics and Statistics* 36: 387 – 389.

Sandford, C. T. , J. R. M. Willis, and D. J. Ironside. 1973. *An Accessions Tax*. London: Institute for Fiscal Studies.

Scanlon, T. M. 1975. Preference and Urgency. *Journal of Philosophy* 72: 655 – 669.

——. 1991. The Moral Basis of Interpersonal Comparisons. In *Interpersonal Comparisons of Well-being*, ed. Jon Elster and John E. Roemer, 17 – 44. Cambridge: Cambridge University Press.

——. 1998. *What We Owe to Each Other*. Cambridge, Mass. And London: Harvard University Press.

Scheffler, Samuel. 1982. *The Rejection of Consequentialism*. Oxford: Oxford University Press.

Schelling, Thomas. 1984. The Life You Save May Be Your Own. In Schelling, *Choice and Consequence*, 113 – 146. Cambridge, Mass. : Harvard University Press.

Schenk, Deborah H. 2000. Saving the Income Tax with a Wealth Tax. *Tax Law Review* 53: 423 – 475.

Schoenblum, Jeffrey A. 1995. Tax Fairness or Unfairness? A Consideration of the Philosophical Bases For Unequal Taxation of Individuals. *American Journal of Tax Policy*

12: 221 - 271.

Seligman, E. R. 1908. *Progressive Taxation in Theory and Practice*. 2nd ed. American Economic Association Quarterly, 3d series 9, no. 4.

Sen, Amartya K. 1977. Rational Fools: A Critique of the Behavioral Foundations of Welfare Economics. *Philosophy & Public Affairs* 6:317 - 344.

———. 1985. The Moral Standing of the Market. *Social Philosophy and Policy* 2: 1 - 19.

———. 1997. On Economic Inequality. Enlarged ed. , with James E. Foster. Oxford: Clarendon Press.

Shakow, David and Reed Shuldiner. 2000. A Comprehensive Wealth Tax. *Tax Law Review* 53: 499 - 584.

Shaviro, Daniel N. 1997. The Minimum Wage, the Earned Income Tax Credit, and Optimal Subsidy Policy. *University of Chicago Law Review* 64: 405 - 481.

———. 2000a. Inequality, Wealth, and Endowment. *Tax Law Review* 53: 397 - 421.

———. 2000b. *When Rules Change*. Chicage: University of Chicago Press.

Sidgwick, Henry. 1907. *The Methods of Ethics*. 7th ed. London: Macmillan.

Simons, Henry C. 1938. *Personal Income Taxation*. Chicago: University of Chicago Press.

Slemrod, Joel. 1990. Optimal Taxation and Optimal Tax Systems. *Journal of Economic Perspectives* 4: 157 - 178.

———. 1998. Methodological Issues in Measuring and Interpreting Taxable Income Elasticities. *National Tax Journal* 51: 773 - 788.

———, ed. 2000. *Does Atlas Shrug*? New York and Cambridge, Mass. : Russell Sage Foundation and Harvard University Press.

Slemrod, Joel and Jon Bakija. 2000. *Taxing Ourselves*. 2nd ed. Cambridge, Mass. and London: MIT Press.

———. Forthcoming. Does Growing Inequality Reduce Tax Progressivity? Should It? In Hassett and Hubbard(forthcoming).

Slemrod, Joel and Wojciech Kopczuk. Forthcoming. The Optimal Elasticity of Taxable Income. *Journal of Public Economics*.

Slemrod, Joel and Shlomo Yitzhaki. 2001. Integrating Expenditure and Tax Decisions: The Marginal Cost of Funds and the Marginal Benefit of Projects. *National Tax Journal* 54: 189 - 201.

Smith, Adam. 1789. *The Wealth of Nations*.

Stiglitz, Joseph E. 1987. Pareto Efficient and Optimal Taxation and the New New Welfare Economics. In *Handbook of Public Economics*, vol. 2, ed. Alan J. Auerbach and Martin Feldstein, 991 - 1042. Amsterdam: North-Holland.

———. 2000. *Economics of the Public Sector*. 3rd ed. New York: W. W. Norton.

Temkin, Larry S. 1993. *Inequality*. New York: Oxford University Press.

Tuomala, Matti. 1990. *Optimal Income Tax and Redistribution*. Oxford: Clarendon Press.

Vanistendael, Frans. 1996. Legal Framework for Taxation. In *Tax Law Design and Drafting*, vol. 1, ed. Victor Thuronyi, 15 - 70. Washington, D. C. : International Monetary Fund.

Van Parijs, Philippe. 1995. *Real Freedom For All*. Oxford: Clarendon Press.

Veblen, Thorstein. 1899. *The Theory of the Leisure Class*. New York: Macmillan.

Walker, Francis A. 1888. The Bases of Taxation. *Political Science Quarterly* 3: 1–16.

Warren, Alvin. 1980. Would a Consumption Tax Be Fairer Than an Income Tax? *Yale Law Journal* 89: 1081–1124.

Weisbach, David A. 2000. Ironing Out the Flat Tax. *Stanford Law Review* 52: 599–664.

Wicksell, Knut. 1896. A New Principle of Just Taxation. Reprinted in Musgrave and Peacock (1958), 72–118.

Wiggins, David. 1985. Claims of Need. In *Morality and Objectivity*, ed. Ted Honderich, 149–202. London: Routledge & Kegan Paul.

Witte, John F. 1981. Tax Philosophy and Income Equality. In *Value Judgement and Income Distribution*, ed. Robert A. Solo and Charles W. Anderson, 340–378. New York: Praeger.

Wolff, Edward N. 1996. *Top Heavy: The Increasing Inequality of Wealth in America and What Can Be Done about It*. New York: The New Press.

——. 2000. Recent Trends in Wealth Ownership, 1983–1998. Jerome Levy Economics Institute, Working Paper No. 300.

Woodman, Faye. 1988. The Tax Treatment of Charities and Charitable Donations Since the Carter Commission. Osgoode Hall *Law Journal* 26: 537–576.

Zelenak, Lawrence. 1993. Taxing Gains at Death. *Vanderbilt Law Review* 46: 361–441.

——. 1994. Marriage and the Income Tax. *Southern California Law Review* 67: 339–405.

——. 1999. The Selling of the Flat Tax: the Dubious Link Between Rate and Base. *Chapman Law Review* 2: 197–232.

Zelenak, Lawrence and Kemper Moreland. 1999. Can the Graduated Income Tax Survive Optimal Tax Analysis? *Tax Law Review* 53: 51–93.

图书在版编目(CIP)数据

税与正义/(美)托马斯·内格尔,(美)利亚姆·墨菲著;许多奇,萧凯译. —上海:上海三联书店,2023.11 重印
ISBN 978 - 7 - 5426 - 5911 - 8

Ⅰ.①税… Ⅱ.①托…②利…③许…④萧… Ⅲ.①税收制度—研究 Ⅳ.①F810.422

中国版本图书馆 CIP 数据核字(2020)第 225420 号

税与正义

著　者 / [美]托马斯·内格尔　[美]利亚姆·墨菲
译　者 / 许多奇　萧　凯

责任编辑 / 宋寅悦
装帧设计 / 一本好书
监　　制 / 姚　军
责任校对 / 王凌霄

出版发行 / 上海三联书店
　　　　　(200030)中国上海市漕溪北路 331 号 A 座 6 楼
邮　　箱 / sdxsanlian@sina.com
邮购电话 / 021 - 22895540
印　　刷 / 上海惠敦印务科技有限公司

版　　次 / 2023 年 9 月第 1 版
印　　次 / 2023 年 11 月第 2 次印刷
开　　本 / 710mm×1000mm　1/16
字　　数 / 170 千字
印　　张 / 11
书　　号 / ISBN 978 - 7 - 5426 - 5911 - 8/F·762
定　　价 / 68.00 元

敬启读者,如发现本书有印装质量问题,请与印刷厂联系 021 - 63779028